VEGAN

DIE BESTEN REZEPTE

02

03

01

04

INHALT

VORSPEISEN &
KLEINE GERICHTE

AUBERGINENAUFSTRICH
MIT BUNTER SALSA

ZUBEREITUNG

01. Den Backofen auf 220 °C vorheizen. Für den Aufstrich die Aubergine putzen, waschen und rundum mehrmals mit einer Gabel einstechen. In eine ofenfeste Form legen und im Ofen auf der mittleren Schiene etwa 30 Minuten garen, bis sie weich ist.

02. Die Aubergine herausnehmen, abkühlen lassen und längs halbieren. Das Fruchtfleisch mit einem Löffel aus der Schale lösen und in einen hohen Rührbecher geben. Den Knoblauch schälen, die Kichererbsen in ein Sieb abgießen, kalt abbrausen und abtropfen lassen. Beides mit dem Olivenöl und dem Limettensaft zur Aubergine geben und mit dem Stabmixer fein pürieren. Den Aufstrich mit Salz, Pfeffer und Paprika abschmecken.

03. Für die Salsa die Zucchini putzen, waschen und in feine Würfel schneiden. Die Tomaten kreuzweise einritzen, überbrühen, häuten, vierteln und entkernen. Das Fruchtfleisch in kleine Würfel schneiden. Die Schalotte schälen und in feine Würfel schneiden. Das Gemüse mit dem Limettensaft und dem Olivenöl mischen.

04. Den Auberginenaufstrich auf vier Schälchen verteilen und die Salsa darübergeben. Nach Belieben mit Auberginenchips (siehe Tipp) und Limetten- oder Zitronenachteln garnieren und servieren. Dazu passt Toastbrot oder frisches Baguette, am besten aus Vollkorn.

TIPP — *Für die Auberginenchips 1 Aubergine putzen, waschen und quer in Scheiben schneiden. Die Scheiben salzen, Wasser ziehen lassen, in Mehl wenden und portionsweise in heißem Öl frittieren.*

ZUTATEN FÜR 4 PERSONEN

FÜR DEN AUFSTRICH:
+ 1 große Aubergine
+ 1 Knoblauchzehe
+ 200 g Kichererbsen (aus der Dose)
+ 1–2 EL Olivenöl
+ 1–2 EL Limettensaft
+ Salz • Pfeffer aus der Mühle
+ 1 Msp. Paprikapulver (rosenscharf)

FÜR DIE SALSA:
+ 1 kleine Zucchini
+ 2 Tomaten
+ 1 Schalotte
+ 2 EL Limettensaft
+ 2 EL Olivenöl

TOPINAMBURPÜREE
MIT MARINIERTEN TOMATEN

ZUBEREITUNG

01. Die Topinamburknollen und die Kartoffeln schälen, waschen und in Würfel schneiden. Beides mit dem Sojadrink, 1 TL Salz und 1 EL Margarine in einem Topf aufkochen und zugedeckt bei schwacher Hitze etwa 20 Minuten köcheln, bis die Knollen weich sind.

02. Inzwischen den Feldsalat verlesen, waschen und trocken schütteln. Die Tomaten waschen, halbieren und entkernen. Die Tomatenhälften in dünne Spalten schneiden, dabei die Stielansätze entfernen. Für die Vinaigrette den Essig mit ½ TL Zucker, etwas Salz und Pfeffer würzen, 1 EL Olivenöl unterrühren. Den Dill und den Schnittlauch waschen und trocken schütteln. Die Dillspitzen abzupfen und fein hacken, den Schnittlauch in feine Röllchen schneiden. Die Tomaten mit den Kräutern und der Vinaigrette mischen.

03. Topinambur und Kartoffeln in ein Sieb abgießen, dabei den Sojadrink auffangen. Die Knollen wieder in den Topf geben und mit dem Kartoffelstampfer zerdrücken. So viel Sojadrink unterrühren, bis die gewünschte Konsistenz erreicht ist. Das Püree mit Salz, Pfeffer und 1 Prise Muskatnuss würzen und warm halten.

04. Den Granatapfel rundum andrücken, vierteln und die Kerne mit einem Löffel herausklopfen. Die weißen Häutchen von den Kernen entfernen. Die restliche Margarine mit dem übrigen Olivenöl in einer Pfanne erhitzen und die Granatapfelkerne darin kurz erwärmen. Mit dem Zitronensaft, 1 TL Zucker, etwas Salz und Pfeffer würzen.

05. Das Topinamburpüree mit der Granatapfelsauce und dem Feldsalat auf Teller verteilen. Die marinierten Tomatenspalten darauf anrichten. Dazu passt Ciabatta oder Fladenbrot.

ZUTATEN FÜR 4 PERSONEN

+ **450 g Topinambur**
+ **150 g mehligkochende Kartoffeln**
+ **300 ml Sojadrink (oder anderer Pflanzendrink, z. B. Reis- oder Mandeldrink)**
+ **Salz**
+ **2 EL vegane Margarine**
+ **1–2 Handvoll Feldsalat**
+ **2 Tomaten**
+ **2 EL Apfelessig**
+ **Zucker**
+ **Pfeffer aus der Mühle**
+ **3 EL Olivenöl**
+ **2 Stiele Dill**
+ **4 Schnittlauchhalme**
+ **frisch geriebene Muskatnuss**
+ **1 kleiner Granatapfel**
+ **2 EL Zitronensaft**

– VEGAN –

ASIA-RÖLLCHEN
MIT TOFU UND MÖHREN

ZUTATEN FÜR 4 PERSONEN

+ 2 Möhren
+ ca. 150 g Knollensellerie
+ 1 Mini-Salatgurke
+ 150 g Tofu
+ 8 große Salatblätter (z. B. Eisbergsalat) oder Chinakohlblätter
+ Salz
+ ca. 2 TL Wasabi-Paste (japan. Meerrettich)
+ Sojasauce zum Dippen

ZUBEREITUNG

01. Die Möhren und den Sellerie putzen, schälen und in dünne Streifen schneiden. Die Gurke waschen, längs halbieren, entkernen und ebenfalls in dünne Streifen schneiden. Den Tofu waschen, gut trocken tupfen und in dünne Scheiben schneiden. Die Salatblätter waschen, trocken tupfen und dickere Blattrippen mit dem Messer flach schneiden.

02. Die Möhren- und Selleriestreifen in kochendem Salzwasser kurz blanchieren. Die Salatblätter in ein Sieb geben und die Gemüsestreifen mit dem heißen Wasser über die Salatblätter gießen. Alles kalt abschrecken, abtropfen lassen und trocken tupfen.

03. Die Salatblätter am unteren Rand jeweils mit 1 bis 2 Scheiben Tofu belegen und mit etwas Wasabi bestreichen. Die Gurken-, Möhren- und Selleriestreifen darauflegen und die Salatblätter fest aufrollen. Die Asia-Röllchen halbieren und mit der Sojasauce servieren.

KICHERERBSEN-BÄLLCHEN
MIT KORIANDER UND TOMATEN

ZUTATEN FÜR 4 PERSONEN

+ 200 g getrocknete Kichererbsen
+ 1 Scheibe Toast- oder Weißbrot
+ 1 Zwiebel
+ 2—3 Knoblauchzehen
+ 1 kleines Bund Koriander
+ ½ EL gemahlener Kreuzkümmel
+ ca. 2 TL Salz • Pfeffer aus der Mühle
+ 2 EL Mehl • 1 TL Backpulver
+ 1 EL Paniermehl
+ Öl zum Frittieren
+ 1 rote Zwiebel
+ 150 g Sojaghurt
+ 100 g Sojasahne
+ 2 Tomaten

ZUBEREITUNG

01. Die Kichererbsen über Nacht in Wasser einweichen. Am nächsten Tag in ein Sieb abgießen. Das Brot in Wasser einweichen und ausdrücken. Zwiebel und Knoblauch schälen und in feine Würfel schneiden. Beides mit den Kichererbsen und dem Brot in den Küchenmixer geben.

02. Den Koriander waschen, trocken schütteln und die Blätter abzupfen. Die Hälfte beiseitelegen, den Rest mit Kreuzkümmel, etwas Salz und Pfeffer unter die Kichererbsen mixen. Das Mehl mit dem Backpulver mischen und mit dem Paniermehl ebenfalls unterrühren.

03. Aus der Masse mit angefeuchteten Händen walnussgroße Bällchen formen. Das Öl in einem weiten Topf auf 170 °C erhitzen und die Bällchen darin etwa 5 Minuten frittieren, abtropfen lassen.

04. Für den Dip die rote Zwiebel schälen und in feine Würfel schneiden. Mit dem Sojaghurt und der Sojasahne verrühren, mit Salz und Pfeffer würzen. Tomaten waschen, halbieren, entkernen und in Spalten schneiden. Den Dip mit dem beiseitegelegten Koriander und den Tomatenspalten in Gläser verteilen. Die Kichererbsen-Bällchen darauf anrichten.

PANIERTER TOFU
MIT FRÜHLINGSZWIEBELSTREIFEN

ZUBEREITUNG

01. Den Tofu in mundgerechte Würfel schneiden. Das Sesamöl mit der Sojasauce und der Chilisauce in einer Schüssel verrühren, die Tofuwürfel dazugeben und gut untermischen. Zugedeckt im Kühlschrank etwa 2 Stunden marinieren.

02. Die Speisestärke mit etwa 4 EL Wasser in einem tiefen Teller glatt rühren. Den Panko in einen tiefen Teller geben. Die marinierten Tofuwürfel in der Stärke wenden und mit dem Panko panieren. Die Frühlingszwiebel putzen, waschen und trocken tupfen. Den grünen Teil in feine Streifen schneiden, das Weiße anderweitig verwenden.

03. In einem weiten Topf reichlich Öl zum Frittieren erhitzen. Es ist heiß genug, wenn an einem hineingehaltenen Holzkochlöffelstiel kleine Bläschen aufsteigen. Den panierten Tofu portionsweise im heißen Öl goldgelb frittieren. Mit dem Schaumlöffel herausheben und auf Küchenpapier gut abtropfen lassen.

04. Die Frühlingszwiebelstreifen ebenfalls kurz frittieren. Die Tofuwürfel auf Tellern anrichten und mit den Frühlingszwiebeln garniert servieren. Nach Belieben Sojasauce oder Chilisauce dazu reichen.

TIPP — Geben Sie die Tofuwürfel statt Schafskäse auf einen griechischen Bauernsalat. Für den Salat Gurken- und Paprikawürfel, Tomatenstücke sowie Oliven mischen und mit Vinaigrette beträufeln.

ZUTATEN
FÜR 4 PERSONEN

+ **800 g Tofu**
+ **2 EL Sesamöl**
+ **2 EL Sojasauce**
+ **1 EL süß-scharfe Chilisauce**
+ **2 EL Speisestärke**
+ **ca. 100 g Panko (asiatisches Paniermehl)**
+ **1 Frühlingszwiebel**
+ **Öl zum Frittieren**

BUNTES GEMÜSE
MIT TOFU UND AUSTERNPILZEN

ZUBEREITUNG

01. Die Schalotten schälen und je nach Größe halbieren oder ganz lassen. Die Austernpilze putzen, trocken abreiben und in mundgerechte Stücke schneiden. Die Zuckerschoten putzen, waschen und halbieren. Die Sojabohnensprossen in ein Sieb geben, mit kochend heißem Wasser übergießen und abtropfen lassen. Die Mini-Maiskolben waschen und in Stücke schneiden. Den Knoblauch und den Ingwer schälen und in feine Würfel schneiden. Den Tofu waschen, trocken tupfen und in Streifen schneiden.

02. Das Sesamöl in einer Pfanne oder im Wok erhitzen, den Tofu darin bei starker Hitze 1 bis 2 Minuten anbraten und wieder herausnehmen. Den Mini-Mais in der Pfanne anbraten. Dann die Schalotten und die Pilze mit dem Knoblauch und dem Ingwer dazugeben und unter Rühren 2 Minuten braten.

03. Den Limettensaft, die Sojasauce und 50 ml Wasser hinzufügen und alles einmal aufkochen lassen. Die Zuckerschoten und die Sojasprossen unterrühren. Die Tofustreifen in die Gemüsepfanne geben und kurz darin erhitzen. Nach Belieben mit Salz und Pfeffer abschmecken und sofort servieren.

ZUTATEN
FÜR 4 PERSONEN

+ 100 g kleine rote Schalotten
+ 150 g Austernpilze
+ 100 g Zuckerschoten
+ 2 Handvoll Sojabohnen-sprossen
+ 100 g Mini-Maiskolben
+ 2 Knoblauchzehen
+ 1 walnussgroßes Stück Ingwer
+ 200 g Tofu
+ 3 EL Sesamöl
+ 3 EL Limettensaft
+ 3—4 EL helle Sojasauce

TIPP — *Tofu wird im Fermentationsprozess aus weißem Sojabohnenteig hergestellt und liefert erstklassiges Eiweiß. Kombiniert mit Kräutern und Gewürzen, bietet er eine große Geschmacksvielfalt.*

KOHLRABI-CARPACCIO
MIT ORANGEN UND RUCOLA

ZUTATEN FÜR 4 PERSONEN

+ **2 Kohlrabi**
+ **Salz**
+ **2 Handvoll Rucola**
+ **1 Bio-Limette**
+ **2 Orangen (davon 1 Bio-Orange)**
+ **2 EL Olivenöl**
+ **1 Knoblauchzehe**
+ **1 rote Chilischote**
+ **Pfeffer aus der Mühle**
+ **ca. ½ TL Zucker**

ZUBEREITUNG

01. Die Kohlrabi putzen, schälen und in sehr dünne Scheiben schneiden, mit 1 TL Salz bestreuen und ziehen lassen. Rucola verlesen, waschen und trocken schleudern, grobe Stiele entfernen.

02. Die Limette und die Bio-Orange heiß waschen, trocken reiben und jeweils 1 EL Schale in feinen Streifen abziehen. Beide Orangen so großzügig schälen, dass auch die weiße Haut mit entfernt wird. Die Filets aus den Trennhäuten schneiden, dabei den Saft auffangen. Die Limette und die Orangenreste auspressen.

03. Den Limetten- und Orangensaft mit dem Olivenöl verrühren. Den Knoblauch schälen und in feine Würfel schneiden. Die Chilischote putzen, waschen, in Ringe schneiden und nach Belieben entkernen. Den Knoblauch und die Chili zur Zitrusvinaigrette geben und mit Salz, Pfeffer und Zucker würzen.

04. Den gesalzenen Kohlrabi abbrausen und trocken tupfen. Mit den Orangenfilets und dem Rucola auf Tellern anrichten. Mit der Vinaigrette beträufeln und die Orangen- und Limettenzesten darüberstreuen. Nach Belieben zusätzlich mit Walnüssen bestreuen.

ARTISCHOCKEN
MIT KRÄUTER-VINAIGRETTE

ZUTATEN FÜR 4 PERSONEN

+ **1 Bio-Zitrone**
+ **4 Artischocken**
+ **Salz**
+ **75 g Macadamianüsse**
+ **½–1 Bund gemischte Kräuter**
  (z. B. Petersilie, Basilikum, Kerbel, Minze)
+ **4 EL Sherryessig**
+ **Pfeffer aus der Mühle**
+ **8 EL Olivenöl**
+ **1 rote Zwiebel**

ZUBEREITUNG

01. Die Zitrone heiß waschen und in Scheiben schneiden. Die Artischocken waschen, die Stiele abschneiden und die unteren, trockenen Blätter entfernen. Die Blattspitzen mit einer Schere abschneiden.

02. Die Artischocken mit der Zitrone in einen weiten Topf setzen und so viel Salzwasser angießen, dass das Gemüse eben bedeckt ist. Zum Kochen bringen und die Artischocken zugedeckt bei schwacher Hitze 35 bis 40 Minuten garen, bis sich die Blätter leicht ablösen lassen.

03. Die Macadamianüsse grob hacken. Die Kräuter waschen und trocken schütteln, die Blätter abzupfen und fein hacken.

04. Den Essig mit etwas Salz und Pfeffer würzen, nach und nach das Olivenöl unterschlagen. Die Zwiebel schälen und in feine Würfel schneiden. Kräuter, Nüsse und Zwiebelwürfel unter die Vinaigrette mischen. Die Artischocken aus dem Topf heben, gut abtropfen lassen und mit der Kräuter-Vinaigrette servieren.

TOFU-GEMÜSE-BURGER
MIT REMOULADE

ZUBEREITUNG

01. Die Tofuscheiben mit Sojasauce beträufeln und mit Pfeffer würzen. Das Mehl mit dem Sojadrink in einem tiefen Teller verrühren. Das Paniermehl in einen tiefen Teller geben.

02. Die Tofuscheiben in der Mehl-Sojadrink-Mischung wenden und mit den Bröseln panieren.

03. Das Öl in einer Pfanne erhitzen und die panierten Tofuscheiben darin bei mittlerer Hitze auf beiden Seiten jeweils 2 bis 3 Minuten goldbraun braten.

04. Die Tomate waschen und in Scheiben schneiden, dabei den Stielansatz entfernen. Die Zwiebel schälen und in feine Ringe schneiden. Die Salatblätter abbrausen und trocken tupfen. Die Gurke schälen und in Scheiben schneiden. Die Kresse vom Beet schneiden, waschen und trocken tupfen.

05. Die Brötchen waagerecht halbieren und mit etwas Remoulade bestreichen. Mit dem Salat, den Gurken- und Tomatenscheiben, Zwiebelringen und Tofuscheiben belegen und die restliche Remoulade daraufgeben. Mit der Kresse garnieren, die Brötchendeckel auflegen und servieren.

———

TIPP — *Statt mit Remoulade schmeckt der Burger auch mit Avocadocreme: 2 Avocados halbieren und jeweils den Stein entfernen. Die Avocadohälften schälen und das Fruchtfleisch in grobe Stücke schneiden. Mit Salz und Pfeffer würzen, etwas Zitronensaft und nach Belieben Knoblauch dazugeben und zu einer Creme pürieren. Nochmals abschmecken.*

ZUTATEN
FÜR 4 PERSONEN

+ 4 Scheiben Tofu (à ca. 80 g)
+ 1–2 TL Sojasauce
+ Pfeffer aus der Mühle
+ 2 EL Mehl
+ ca. 6 EL Sojadrink
+ ca. 60 g Paniermehl
+ 3–4 EL Öl
+ 1 Tomate
+ 1 kleine Zwiebel
+ 4 Salatblätter (z. B. Eichblattsalat)
+ 150 g Salatgurke
+ 1 Kästchen Gartenkresse
+ 4 Vollkornbrötchen
+ ca. 80 g vegane Remoulade

RUNZELKARTOFFELN
MIT SALZ UND TOMATENSALSA

ZUBEREITUNG

01. Für die Kartoffeln die Kartoffeln mit der Schale gründlich waschen und in einen Topf geben. So viel kaltes Wasser angießen, dass die Kartoffeln bedeckt sind. Das Salz dazugeben, aufkochen und die Kartoffeln 20 bis 25 Minuten garen.

02. Für die Salsa die Tomaten waschen, vierteln, entkernen und in kleine Würfel schneiden. Die Zwiebel schälen und in feine Würfel schneiden. Die Petersilie waschen, trocken schütteln, die Blätter abzupfen und fein hacken.

03. Tomaten, Zwiebeln und Petersilie mit Zitronensaft und Olivenöl mischen und mit Salz und Pfeffer würzen.

04. Die Kartoffeln abgießen und auf dem Herd ausdampfen lassen, bis sich eine Salzkruste auf den Kartoffelschalen gebildet hat. Die Runzelkartoffeln mit der Tomatensalsa servieren.

TIPP — *Schmeckt auch sehr gut mit kleinen Bataten (Süßkartoffeln). Dann noch 1 fein gehackte Chilischote unter die Salsa mischen und die Petersilie durch frischen Koriander ersetzen.*

ZUTATEN FÜR 10 STÜCK

FÜR DIE KARTOFFELN:
+ 2 kg kleine festkochende Kartoffeln
+ 500 g grobes Meersalz

FÜR DIE SALSA:
+ 6 Tomaten
+ 1 rote Zwiebel
+ 4 Stiele Petersilie
+ 1–2 EL Zitronensaft
+ 3 EL Olivenöl
+ Salz • Pfeffer aus der Mühle

FRÜHLINGSROLLEN
MIT TOFU, GEMÜSE UND PILZEN

ZUBEREITUNG

01. Die Teigblätter nebeneinanderlegen und auftauen lassen. Den Tofu in kleine Würfel schneiden, in einer Schüssel mit 3 EL Sojasauce mischen und ziehen lassen.

02. Die Möhren putzen und schälen, die Zuckerschoten und die Frühlingszwiebeln putzen und waschen. Das Gemüse in feine Streifen schneiden. Den Ingwer und den Knoblauch schälen und in feine Würfel schneiden. Die Chilischote längs halbieren, entkernen, waschen und in feine Streifen schneiden. Die Sprossen abbrausen und abtropfen lassen. Die Pilze abtropfen lassen und in Streifen schneiden.

03. Das Sesamöl in einem Wok erhitzen und die Möhren und Zuckerschoten darin etwa 1 Minute braten. Den Tofu, die Frühlingszwiebeln, Chili, Knoblauch und Ingwer dazugeben und unter Rühren 1 Minute mitbraten. Sprossen und Pilze unter das Gemüse mischen. Mit der restlichen Sojasauce abschmecken, beiseitestellen und abkühlen lassen.

04. Je 1 Teigblatt mit einer Ecke nach oben auf die Arbeitsfläche legen und etwa 2 EL Tofu-Gemüse-Mischung auf die untere Blattspitze setzen. Die beiden oberen Teigränder mit etwas Wasser bestreichen. Die untere Ecke über die Füllung schlagen und die Seitenränder links und rechts darüberklappen. Das Teigblatt von unten nach oben fest aufrollen und das Ende andrücken.

05. Reichlich Öl im Wok oder einem weiten Topf erhitzen. Die Frühlingsrollen darin portionsweise etwa 5 Minuten rundum goldbraun frittieren. Herausnehmen, auf Küchenpapier abtropfen lassen und nach Belieben mit einem Dip, z.B. süßer Chilisauce, servieren.

ZUTATEN
FÜR 4 PERSONEN

+ 8 Blätter Frühlingsrollen-Teig (à ca. 20 × 20 cm; tiefgekühlt)
+ 400 g Tofu
+ 4 EL Sojasauce
+ 2 Möhren
+ 100 g Zuckerschoten
+ 2 Frühlingszwiebeln
+ 1 walnussgroßes Stück Ingwer
+ 1 Knoblauchzehe
+ 1 Chilischote
+ 80 g Sojabohnensprossen
+ 80 g Mu-Err-Pilze (aus dem Glas)
+ 2 EL Sesamöl
+ Öl zum Frittieren

BRUSCHETTA
MIT KIDNEYBOHNEN UND TOMATEN

ZUTATEN FÜR 4 PERSONEN

+ **400 g Kidneybohnen (aus der Dose)**
+ **4 Tomaten**
+ **1 kleine Zwiebel**
+ **2 Knoblauchzehen**
+ **1 Bund Petersilie**
+ **1 Bund Schnittlauch**
+ **1 EL Zitronensaft**
+ **2—3 EL Aceto balsamico**
+ **3 EL Olivenöl**
+ **Salz • Pfeffer aus der Mühle**
+ **4 Scheiben veganes Schwarzbrot**

ZUBEREITUNG

01. Die Bohnen auf einem Sieb abbrausen und gut abtropfen lassen. Die Tomaten waschen, vierteln, entkernen und in Würfel schneiden, dabei die Stielansätze entfernen. Die Zwiebel und den Knoblauch schälen und beides fein hacken. Die Kräuter waschen und trocken schütteln. Von der Petersilie die Blätter abzupfen und fein hacken, den Schnittlauch in Röllchen schneiden.

02. Alle vorbereiteten Zutaten in einer Schüssel mit Zitronensaft, Essig und Olivenöl vermischen und mit Salz und Pfeffer würzen.

03. Die Brotscheiben in einer Grillpfanne ohne Fett knusprig toasten, halbieren und die Bohnen-Tomaten-Mischung darauf verteilen. Die Bruschetta rasch servieren. Das Rezept lässt sich nach Belieben durch eingelegte Artischockenherzen oder Oliven erweitern.

SUSHI-RÖLLCHEN
MIT GEMÜSE UND TOFU

ZUTATEN FÜR 4 PERSONEN

+ **175 g Sushi-Reis**
+ **2 EL Reisessig**
+ **1 TL Zucker**
+ **Salz**
+ **70 g Tofu**
+ **1 TL Öl**
+ **je 1 Stück Salatgurke und Rettich (ca. 10 cm)**
+ **einige Blätter Endiviensalat**
+ **4 Nori-Blätter**
+ **1—2 TL Wasabi-Paste (japan. Meerrettich)**

ZUBEREITUNG

01. Den Reis waschen, bis das Wasser klar abläuft. Mit 200 ml Wasser in einem Topf aufkochen und zugedeckt bei schwacher Hitze etwa 20 Minuten quellen lassen, dabei ein Blatt Küchenpapier zwischen Topf und Deckel klemmen. Den Essig, den Zucker und 1 TL Salz verrühren. Den heißen Reis in eine Schüssel geben und die Essigmischung sofort mit Stäbchen untermischen.

02. Den Tofu in Scheiben schneiden. Das Öl in einer Pfanne erhitzen und den Tofu darin auf jeder Seite anbraten. Herausnehmen, mit Salz würzen und in feine Streifen schneiden. Die Gurke und den Rettich schälen, Gurke entkernen und beides in dünne Streifen schneiden. Die Salatblätter waschen, trocken tupfen und klein zupfen.

03. Die Nori-Blätter halbieren und mit angefeuchteten Händen jeweils im mittleren Drittel mit Reis belegen. Wasabi-Paste dünn daraufstreichen, die Gemüse- und Tofustreifen und die Salatblätter quer auf die Reismitte legen, sodass sie rechts über den Rand hinausragen. Die untere linke Nori-Blattecke über die Füllung legen und das Nori-Blatt tütenförmig aufrollen. Nach Belieben mit Sojasauce zum Dippen servieren.

GEMÜSE-WRAPS
MIT PAPRIKA UND RUCOLA

ZUBEREITUNG

01. Beide Mehlsorten, 1 TL Salz und 125 bis 150 ml lauwarmes Wasser zu einem weichen Teig verrühren und zugedeckt etwa 20 Minuten quellen lassen.

02. Den Backofen auf 220 °C vorheizen. Ein Backblech mit Alufolie auslegen. Paprikaschoten der Länge nach vierteln, entkernen und mit der Hautseite nach oben auf das Blech legen. Paprika im Ofen auf der obersten Schiene 15 bis 20 Minuten garen, bis die Haut schwarze Blasen wirft. Paprika herausnehmen, mit einem feuchten Küchentuch abdecken, etwas abkühlen lassen. Die Haut abziehen, das Fruchtfleisch in Streifen schneiden, in eine Schüssel geben.

03. Die Zwiebel schälen, in Spalten schneiden, mit 1 TL Salz bestreuen und kurz ziehen lassen. Die Tomaten waschen und in dünne Spalten schneiden, dabei die Stielansätze entfernen. Die Zwiebelspalten abbrausen und abtropfen lassen. Mit den Tomaten zu den Paprikastreifen geben.

04. Für die Vinaigrette den Knoblauch schälen und in feine Würfel schneiden. Mit dem Olivenöl, dem Zitronensaft und der Brühe verrühren. Die Vinaigrette mit Salz und Pfeffer würzen und mit dem Gemüse vermischen.

05. Den Rucola verlesen, waschen und trocken schütteln, grobe Stiele entfernen. Den Schnittlauch waschen und trocken schütteln, die Halme nach Belieben halbieren.

06. Teig kurz durchkneten, in 8 Portionen teilen, jeweils zu Kugeln formen. Teigkugeln auf der bemehlten Arbeitsfläche zu dünnen Fladen ausrollen, in einer beschichteten Pfanne ohne Fett nacheinander auf beiden Seiten 1 Minute backen.

07. Die heißen Wraps zu Tüten drehen, das marinierte Gemüse, Rucola und Schnittlauch hineinfüllen.

ZUTATEN FÜR 4 PERSONEN

+ je 100 g Mais- und Weizenmehl
+ Salz
+ je 2 rote und gelbe Paprikaschoten
+ 1 rote Zwiebel
+ 250 g Tomaten
+ 1 Knoblauchzehe
+ 2 EL Olivenöl
+ 2 EL Zitronensaft
+ 3 EL Gemüsebrühe
+ Pfeffer aus der Mühle
+ 1 Handvoll Rucola
+ 8 Schnittlauchhalme
+ Mehl für die Arbeitsfläche

SOMMERGEMÜSE
MIT MEDITERRANEN KRÄUTERN

ZUTATEN FÜR 4 PERSONEN

+ **3 kleine Zucchini (ca. 400 g)**
+ **2 Tomaten**
+ **1 weiße Gemüsezwiebel**
+ **2 Knoblauchzehen**
+ **3 Zweige Thymian**
+ **1 kleiner Zweig Rosmarin**
+ **1 Zweig Salbei**
+ **2 EL Olivenöl**
+ **100 ml trockener Weißwein (ersatzweise Gemüsebrühe)**
+ **100 ml Gemüsebrühe**
+ **grobes Meersalz**
+ **Pfeffer aus der Mühle**

ZUBEREITUNG

01. Die Zucchini putzen, waschen und auf der Gemüsereibe in dünne Streifen schneiden. Die Tomaten kreuzweise einritzen, überbrühen, häuten und in Spalten schneiden.

02. Die Zwiebel und den Knoblauch schälen. Die Zwiebel in dünne Streifen und den Knoblauch in feine Würfel schneiden. Die Kräuter waschen und trocken schütteln, die Blätter bzw. Nadeln abzupfen und – bis auf einige für die Deko – fein schneiden.

03. Das Olivenöl in einer weiten Pfanne erhitzen und die Zwiebel und den Knoblauch darin bei schwacher bis mittlerer Hitze 1 bis 3 Minuten andünsten. Die Zucchinistreifen hinzufügen und 2 Minuten mitdünsten. Den Wein und die Brühe hinzugießen, das Gemüse weitere 2 Minuten dünsten. Die gehackten Kräuter untermischen und alles mit Salz und Pfeffer würzen. Nach Belieben mit 1 Spritzer Zitronensaft abschmecken.

04. Das Zucchinigemüse mit den Tomaten- spalten anrichten. Etwas Salz und Pfeffer über die Tomaten streuen und mit den beiseitege- legten Kräutern garnieren. Dazu passt frisches Walnuss- oder Dinkelbaguette.

GEBACKENER FENCHEL
MIT PIKANTEM TOMATENSUGO

ZUTATEN FÜR 4 PERSONEN

+ 1 Zwiebel • 1 Knoblauchzehe
+ 1 kirschgroßes Stück Ingwer
+ ½ rote Chilischote • 1 EL Sesamöl
+ Zucker • 3 EL Orangensaft
+ 240 g stückige Tomaten (aus der Dose, Abtropfgewicht)
+ ca. 2 EL helle Sojasauce
+ Pfeffer aus der Mühle
+ 4 Handvoll Salatblätter oder junges Blattgemüse (z. B. Mangold, Spinat)
+ 4 Fenchelknollen
+ 150 g Mehl • 1 EL Paniermehl
+ 1 TL Salz • ½ TL Backpulver
+ Öl zum Frittieren

ZUBEREITUNG

01. Für den Teig 200 ml Wasser 20 Minuten ins Tiefkühlfach stellen. Inzwischen für den Sugo Zwiebel, Knoblauch und Ingwer schälen und in feine Würfel schneiden. Die Chili längs halbieren, entkernen, waschen und in feine Würfel schneiden.

02. Das Sesamöl in einem Topf erhitzen und Zwiebel, Knoblauch, Ingwer und Chili darin andünsten. Mit ½ TL Zucker bestreuen, den Orangensaft und die Tomaten dazugeben und den Sugo 3 bis 6 Minuten einköcheln. Mit der Sojasauce und Pfeffer kräftig würzen.

03. Die Salatblätter waschen und trocken schleudern. Den Fenchel putzen, waschen und in die einzelnen Segmente teilen. Das Mehl mit dem Paniermehl, Salz, 2 Prisen Zucker und dem Backpulver mischen. Das Eiswasser rasch mit der Mehlmischung zu einem dünnflüssigen Teig verrühren.

04. Das Öl in einer tiefen Pfanne erhitzen. Die Fenchelstücke durch den Teig ziehen und portionsweise im heißen Öl 3 bis 5 Minuten rundum goldbraun frittieren. Auf Küchenpapier abtropfen lassen und mit den Salatblättern und dem Tomatensugo warm oder kalt servieren.

TOMATEN-BASILIKUM-SORBET
MIT TOASTSTREIFEN

ZUBEREITUNG

01. Die Tomaten kreuzweise einritzen, überbrühen, kalt abschrecken, häuten, vierteln und entkernen. Das Basilikum waschen und trocken tupfen, die Blätter von den Stielen zupfen und fein hacken. Den Knoblauch schälen.

02. Tomatenviertel, Basilikum, Knoblauch, getrocknete Tomaten, 1 EL Tomatenöl, Gin und Zucker im Küchenmixer oder mit dem Stabmixer fein pürieren.

03. Das Tomatenpüree mit Salz und Pfeffer kräftig würzen und in der Eismaschine zu einem Sorbet gefrieren lassen (alternativ in eine flache Metallschale füllen und mindestens 4 Stunden im Tiefkühlfach gefrieren lassen, dabei zwischendurch mehrmals mit dem Schneebesen kräftig durchrühren).

04. Das Toastbrot toasten und in Streifen schneiden. Aus der Sorbetmasse Kugeln abstechen, auf Schälchen verteilen und mit den Toastbrotstreifen und nach Belieben mit getrocknetem Oregano bestreut servieren.

———

TIPP — *Die gerösteten Toastscheiben (es darf natürlich auch Vollkorntoast sein) kann man mit einer geschälten Knoblauchzehe einreiben und nach Belieben noch mit etwas Olivenöl beträufeln.*

ZUTATEN
FÜR 4 PERSONEN

+ **800 g Tomaten**
+ **2 Stiele Basilikum**
+ **1 Knoblauchzehe**
+ **20 g getrocknete Tomaten (in Öl)**
+ **2 cl Gin**
+ **1 EL Zucker**
+ **Salz • grob gemahlener Pfeffer**
+ **2 Scheiben Toastbrot (nach Belieben Vollkorntoast)**

— VEGAN —

SALATE &
SUPPEN

REISNUDELSALAT
MIT GRÜNEN BOHNEN

ZUBEREITUNG

01. Die Reisnudeln mit kochendem Salzwasser über-gießen und etwa 10 Minuten quellen lassen. In ein Sieb abgießen, kalt abschrecken und gut abtropfen lassen. Die Nudeln nach Belieben mit einer Schere etwas kürzer schneiden.

02. Die Bohnen putzen, waschen und in kochendem Salzwasser etwa 8 Minuten bissfest garen. In ein Sieb ab-gießen, kalt abschrecken, abtropfen lassen und schräg halbieren oder dritteln. Die Zwiebeln schälen, halbieren und in feine Streifen schneiden. Die Melone schälen, entkernen und in feine Scheiben schneiden.

03. Für das Dressing den Essig mit der Sojasauce, dem Zucker und dem Öl verrühren und mit Limettensaft und Chiliflocken abschmecken. Alle vorbereiteten Salatzutaten gut mit dem Dressing mischen und den Salat auf Schäl-chen verteilen.

04. Die Erdnüsse grob hacken. Den Koriander waschen und trocken tupfen. Den Reisnudelsalat mit Erdnüssen und Koriander garniert servieren.

TIPP — *Noch authentischer wird der Salat, wenn Sie ihn mit grünen Schlangenbohnen (aus dem Asialaden) zubereiten. Alternativ können Sie auch Keniabohnen oder Thaispargel verwenden.*
Für eine Low-Carb-Variante ersetzen Sie die Reisnudeln durch 2 bis 3 Zucchini. Die Zucchini putzen, waschen und mit dem Spiralschneider oder einem Julienneschneider in „Spaghetti" schneiden. Die Zucchini-Spaghetti können Sie roh genießen oder 2 bis 3 Minuten in etwas Öl anbraten und dann weiter verwenden.

ZUTATEN
FÜR 4 PERSONEN

+ **350 g dünne Reisnudeln**
+ **Salz**
+ **300 g grüne Bohnen**
+ **2 rote Zwiebeln**
+ **200 g Honigmelone**
+ **1–2 EL Reisessig**
+ **3–4 helle Sojasauce**
+ **½ TL brauner Zucker**
+ **4 EL Erdnussöl**
+ **1–2 TL Limettensaft**
+ **Chiliflocken**
+ **2 EL geröstete Erdnüsse**
+ **einige Korianderblätter**

QUINOA-SPINAT-SALAT
MIT GLASIERTEN MÖHREN UND CRANBERRYS

ZUTATEN FÜR 4 PERSONEN

+ 250 g bunte Quinoa • Salz
+ 1 Schalotte • 1 Knoblauchzehe
+ 4 EL Öl
+ 2 Handvoll junger Spinat
+ 2–3 EL Weißweinessig
+ 1–2 EL Zitronensaft
+ Pfeffer aus der Mühle
+ 2 Möhren
+ 250 g Maronen (Esskastanien; vorgegart und geschält)
+ 30 g getrocknete Cranberrys
+ 2 EL Ahornsirup
+ 40 g grob gehackte Walnüsse

ZUBEREITUNG

01. Die Quinoa auf einem Sieb abbrausen und abtropfen lassen. In einem Topf in Salzwasser 10 bis 15 Minuten gar kochen. Die Quinoa in ein Sieb abgießen, abtropfen und abkühlen lassen.

02. Die Schalotte und den Knoblauch schälen, beides in feine Würfel schneiden und in einer Pfanne in 1 EL Öl andünsten. Den Spinat verlesen, waschen, trocken schleudern, in die Pfanne geben und zusammenfallen lassen. Das Gemüse mit dem Essig, 1 EL Öl und Zitronensaft vermischen und unter die Quinoa geben. Mit Salz und Pfeffer würzen und etwa 20 Minuten ziehen lassen.

03. Die Möhren putzen, schälen, in Stifte schneiden und mit den Maronen in einer Pfanne im übrigen Öl 5 Minuten unter Rühren andünsten und leicht bräunen lassen. Die Cranberrys grob hacken und dazugeben. Mit etwas Wasser ablöschen und den Sirup einrühren. Mit Salz und Pfeffer würzen und unter Schwenken glasieren, die Flüssigkeit sollte dabei fast vollständig einkochen.

04. Den Quinoa-Spinat-Salat auf Teller verteilen, die glasierten Möhren daraufsetzen und mit Walnüssen bestreut servieren.

RADICCHIO-BIRNEN-SALAT
MIT BRUNNENKRESSE

ZUTATEN FÜR 4 PERSONEN

+ 1 kleiner Radicchio
+ 60 g Brunnenkresse
+ 2 Birnen
+ 2 EL Zitronensaft
+ 50 g geschälte Haselnusskerne
+ 4 EL Weißweinessig
+ 1 TL Dijon-Senf
+ ½ TL Birnendicksaft (ersatzweise Zucker)
+ 3 EL Gemüsebrühe
+ Salz • Pfeffer aus der Mühle
+ 4 EL Olivenöl

ZUBEREITUNG

01. Den Radicchio putzen, waschen und trocken schleudern, die Blätter in mundgerechte Stücke zupfen. Die Brunnenkresse verlesen, waschen und trocken schütteln. Die Birnen waschen, halbieren und entkernen. Die Birnenhälften der Länge nach in Spalten schneiden und mit Zitronensaft beträufeln.

02. Die Haselnüsse grob hacken und in einer Pfanne ohne Fett goldbraun anrösten. Die Nüsse herausnehmen und abkühlen lassen.

03. Den Essig mit dem Senf, dem Birnendicksaft und der Brühe verrühren, mit Salz und Pfeffer würzen. Nach und nach das Olivenöl unterschlagen und die Haselnüsse dazugeben. Die vorbereiteten Zutaten in einer Schüssel mit der Vinaigrette mischen und kurz ziehen lassen. Zum Servieren den Salat in Schälchen anrichten.

GRIECHISCHER BOHNENSALAT
MIT TOMATEN UND OLIVEN

ZUBEREITUNG

01. Die Bohnen über Nacht in reichlich kaltem, ungesalzenem Wasser einweichen. Am nächsten Tag die Bohnen abgießen und in frischem Wasser etwa 45 Minuten gar kochen, sie sollten noch etwas Biss haben. Die Bohnen in ein Sieb abgießen, abtropfen und abkühlen lassen.

02. Die Frühlingszwiebeln putzen, waschen und schräg in feine Ringe schneiden. Die Tomaten waschen, vierteln, entkernen und in kleine Würfel schneiden. Die Oliven in Streifen schneiden. Die Kräuter waschen und trocken schütteln. Die Blätter bzw. Spitzen abzupfen und fein hacken.

03. Die Bohnen, die Frühlingszwiebeln, die Tomatenwürfel und die Olivenstreifen mit den Kräutern in einer Schüssel mischen. Den Essig mit Zitronensaft, Salz, Pfeffer und 1 Prise Kreuzkümmel verrühren. Das Olivenöl unterschlagen, das Dressing abschmecken und unter den Salat mischen. Den Bohnensalat vor dem Servieren 30 Minuten ziehen lassen.

──────

TIPP — *Wenn es einmal schnell gehen muss, kann man für diesen sommerlichen Salat natürlich auch 400 g dicke weiße Bohnen oder Riesenbohnen aus der Dose verwenden.*

ZUTATEN
FÜR 4 PERSONEN

+ **200 g getrocknete dicke weiße Bohnen**
+ **2 Frühlingszwiebeln**
+ **4 Tomaten**
+ **40 g schwarze Oliven (ohne Stein)**
+ **½ Handvoll Petersilie**
+ **½ Handvoll Dill**
+ **½ Handvoll Minze**
+ **3 EL Balsamico bianco**
+ **2 EL Zitronensaft**
+ **Salz • Pfeffer aus der Mühle**
+ **gemahlener Kreuzkümmel**
+ **5 EL Olivenöl**

KARTOFFELSALAT
MIT SPROSSEN

ZUTATEN FÜR 4 PERSONEN

+ **700 g kleine festkochende Kartoffeln • Salz**
+ **100 g gemischte Sprossen (z. B. Alfalfa-, Radieschensprossen)**
+ **1 Bio-Zitrone**
+ **2 EL Weißweinessig**
+ **1 EL Reissirup**
+ **½ TL scharfer Senf**
+ **2 TL geriebener Meerrettich (frisch oder aus dem Glas)**
+ **Pfeffer aus der Mühle**
+ **5 EL Traubenkernöl**
+ **1 Bund Koriander**
+ **2 Frühlingszwiebeln**
+ **1 Romana-Salatherz**

ZUBEREITUNG

01. Die Kartoffeln waschen und mit der Schale in Salzwasser nicht zu weich garen. Abgießen, kurz ausdampfen lassen, pellen und längs halbieren oder in Spalten schneiden.

02. Die Sprossen in ein Sieb geben, mit kochend heißem Wasser übergießen und abtropfen lassen. Für die Marinade die Zitrone heiß waschen, trocken reiben und etwas Schale fein abreiben. Den Saft auspressen. Die Zitronenschale und den -saft mit Essig, Reissirup, Senf, Meerrettich, etwas Salz und Pfeffer verrühren, nach und nach das Öl unterschlagen.

03. Den Koriander waschen, trocken schütteln und die Blätter abzupfen. Die Frühlingszwiebeln putzen und waschen. Das Weiße in Stücke, das Grün in feine Ringe schneiden. Die Kartoffeln, die Sprossen, den Koriander und die Frühlingszwiebeln in eine Schüssel geben und mit der Marinade mischen. Den Kartoffelsalat nochmals mit Salz und Pfeffer abschmecken und etwa 20 Minuten ziehen lassen.

04. Zum Servieren den Salat waschen, in die einzelnen Blätter teilen und trocken tupfen. Die Salatblätter auf Schälchen verteilen und den Kartoffelsalat darauf anrichten.

NUDELSALAT
MIT PAPRIKA

ZUTATEN FÜR 4 PERSONEN

+ **250 g Farfalle (nach Belieben Vollkorn-nudeln)**
+ **Salz**
+ **je 1 rote und gelbe Paprikaschote**
+ **2 Stangen Staudensellerie**
+ **150 g kleine Champignons**
+ **4 EL Weißweinessig**
+ **1 TL Dijon-Senf**
+ **Pfeffer aus der Mühle**
+ **5 EL Olivenöl**
+ **1–2 Knoblauchzehen**
+ **1 EL Kapern • 1 EL gehackte Petersilie**
+ **je 1 EL schwarze und grüne Oliven (ohne Stein)**

ZUBEREITUNG

01. Die Farfalle nach Packungsanweisung in reichlich kochendem Salzwasser bissfest garen. In ein Sieb abgießen, kalt abschrecken und abtropfen lassen.

02. Die Paprikaschoten längs halbieren, entkernen, waschen und in Streifen schneiden. Den Sellerie putzen, waschen und in Scheiben schneiden. Die Champignons putzen, trocken abreiben und je nach Größe halbieren oder vierteln.

03. Für die Marinade den Essig und den Senf in einer kleinen Schüssel mit Salz und Pfeffer verrühren, nach und nach das Olivenöl unterschlagen. Den Knoblauch schälen, in feine Würfel schneiden und mit den Kapern und der Petersilie unter die Marinade rühren.

04. Die Oliven in dünne Ringe schneiden. Die Farfalle, die Pilze und die Oliven in einer Schüssel mit der Marinade mischen. Den Salat vor dem Servieren etwa 30 Minuten ziehen lassen.

COUSCOUS-SALAT
MIT GEMÜSE UND PETERSILIE

ZUBEREITUNG

01. Den Couscous in einer Schüssel mit 200 ml kochendem Salzwasser übergießen und 5 Minuten quellen lassen. Dann den Couscous mit einer Gabel auflockern und abkühlen lassen.

02. Die Paprikaschote längs halbieren, entkernen, waschen und in sehr kleine Würfel schneiden. Die Tomaten waschen, halbieren, entkernen und ebenfalls in kleine Würfel schneiden. Die Frühlingszwiebeln putzen, waschen und in feine Ringe schneiden. Die rote Zwiebel schälen und in feine Streifen schneiden. Den Knoblauch schälen und in feine Würfel schneiden. Die Petersilie waschen und trocken schütteln, die Blätter abzupfen und fein hacken.

03. Das Gemüse mit Zwiebel, Knoblauch und Petersilie in eine Schüssel geben und mit Koriander, etwas Salz und Pfeffer würzen. Den Essig, das Olivenöl und den Couscous untermischen und den Salat in Gläser verteilen. Die Kräuterstiele waschen, trocken schütteln und den Salat damit garnieren. Nach Belieben Fladenbrot dazu servieren.

TIPP — *Tabouleh ist sehr wandlungsfähig: Probieren Sie eine kreolische Variante mit Mangowürfeln und Kokos aus. Super aromatisch wird Couscous, wenn Sie ihn mit stark gewürzter Brühe oder Tee übergießen.*

ZUTATEN
FÜR 4 PERSONEN

+ **200 g Instant-Couscous**
+ **Salz**
+ **1 gelbe Paprikaschote**
+ **2 Tomaten**
+ **2 Frühlingszwiebeln**
+ **1 rote Zwiebel**
+ **3 Knoblauchzehen**
+ **1 Bund Petersilie**
+ **1 TL gemahlener Koriander**
+ **Pfeffer aus der Mühle**
+ **3 EL Weißweinessig**
+ **4 EL Olivenöl**
+ **4 Stiele Minze oder Basilikum für die Deko**

WEISSKOHLSALAT
MIT MÖHREN UND SESAM

ZUBEREITUNG

01. Den Weißkohl putzen, vierteln und den Strunk heraus-schneiden. Die Kohlviertel in feine Streifen schneiden oder hobeln. Die Möhren putzen, schälen und quer halbieren. Die Hälften zuerst längs in Scheiben, dann in Stifte schnei-den. Die Frühlingszwiebeln putzen, waschen, halbieren und längs in 4 bis 5 cm lange Streifen schneiden.

02. Für das Dressing den Ingwer schälen und auf der Gemüsereibe fein in eine Schüssel reiben. Den Essig, den Sirup, das Öl und die Sojasauce dazugeben, alles gut ver-rühren und mit Salz abschmecken.

03. Den Weißkohl, die Möhren, die Frühlingszwiebeln und den Sesam unter das Dressing mischen und den Salat etwa 1 Stunde im Kühlschrank ziehen lassen.

TIPP — *Noch aromatischer wird der Salat, wenn Sie die Sesamsamen vorab rösten. Die Möhren kann man nach Belieben auch durch roten Rettich oder Radieschen bzw. rote Paprikaschoten ersetzen.*

ZUTATEN FÜR 4 PERSONEN

+ **1 kleiner Weißkohl (ca. 800 g)**
+ **2 Möhren**
+ **4 Frühlingszwiebeln**
+ **1 haselnussgroßes Stück Ingwer**
+ **4 EL Reisessig**
+ **2 TL Reissirup (ersatzweise 1 TL brauner Zucker)**
+ **3—4 EL Sesamöl**
+ **1—2 EL helle Sojasauce**
+ **Salz**
+ **2 EL Sesamsamen**

REISSALAT
MIT WILDREIS UND SELLERIE

ZUTATEN FÜR 4 PERSONEN

+ **450 g Wildreis**
+ **Salz**
+ **2 Stangen Staudensellerie**
+ **1 rote Zwiebel**
+ **4 EL Reisessig**
+ **Zucker**
+ **Cayennepfeffer**
+ **2 EL Sesamöl**
+ **2 EL Pinienkerne**

ZUBEREITUNG

01. Den Wildreis auf einem Sieb gründlich mit kaltem Wasser abspülen. In einem Topf mit der doppelten Menge Salzwasser zugedeckt bei schwacher Hitze etwa 20 Minuten garen. Den Reis abkühlen lassen.

02. Den Sellerie putzen, waschen und in Scheiben schneiden. Das Selleriegrün zum Garnieren beiseitelegen. Die Zwiebel schälen, halbieren und in Streifen schneiden.

03. Den Essig mit 1 Prise Zucker, Salz, Cayennepfeffer und Öl verrühren, den Reis mit dem Gemüse untermischen, mit Salz und Cayennepfeffer würzen. Den Reissalat mindestens 30 Minuten kühl stellen und ziehen lassen.

04. Die Pinienkerne in einer Pfanne ohne Fett anrösten. Den Reissalat mit dem Selleriegrün und den Pinienkernen garniert servieren.

KALTE GURKENSUPPE
MIT MINZCROÛTONS

ZUTATEN FÜR 4 PERSONEN

+ **4 Scheiben Weißbrot (oder Vollkorntoast)**
+ **2 EL Olivenöl**
+ **1 EL gehackte Minze**
+ **2 Salatgurken**
+ **1 Schalotte**
+ **2–3 Stiele Petersilie**
+ **2 Stiele Dill**
+ **1–2 Stiele Basilikum**
+ **200 g Sojaghurt**
+ **ca. 600 ml Gemüsebrühe**
+ **Salz • Pfeffer aus der Mühle**

ZUBEREITUNG

01. Das Weißbrot entrinden. Zwei Scheiben in wenig Wasser einweichen. Die restlichen Scheiben in kleine Würfel schneiden. In einer Pfanne 1 EL Olivenöl erhitzen und die Brotwürfel darin rundum goldbraun braten. Die Minze untermischen und die Croûtons aus der Pfanne nehmen.

02. Die Gurken putzen, schälen und längs halbieren. Die Hälften mit einem Löffel entkernen und in Stücke schneiden. Die Schalotte schälen und in feine Würfel schneiden. Die Kräuter waschen, trocken schütteln, die Blätter abzupfen und grob hacken.

03. Die Gurke mit der Schalotte, dem restlichen Olivenöl, den Kräutern, dem ausgedrückten Weißbrot, dem Sojaghurt und etwas Brühe im Küchenmixer oder mit dem Stabmixer fein pürieren. So viel von der restlichen Brühe unterrühren, bis die Suppe die gewünschte Konsistenz hat. Mit Salz und Pfeffer würzen und mindestens 1 Stunde kalt stellen.

04. Die kalte Gurkensuppe in Gläser füllen, mit den Croûtons bestreuen und nach Belieben mit Petersilie garniert servieren.

SELLERIE-APFEL-SUPPE
MIT INGWER UND CURRY

ZUBEREITUNG

01. Den Sellerie putzen, schälen und in kleine Würfel schneiden. Das Selleriegrün waschen, trocken schütteln und beiseitelegen. Die Schalotte schälen und in feine Würfel schneiden. Den Ingwer schälen und ebenfalls in feine Würfel schneiden.

02. In einem Topf 1 EL Öl erhitzen und die Schalottenwürfel darin mit dem Ingwer andünsten. Die Selleriewürfel, das Currypulver und den Safran hinzufügen und kurz mitdünsten. Das Gemüse mit der Brühe ablöschen und etwa 30 Minuten leicht köcheln lassen.

03. Den Apfel halbieren, entkernen, schälen. Das Fruchtfleisch in dünne Spalten schneiden, mit dem Zitronensaft beträufeln. Den Toast in lauwarmem Wasser einweichen.

04. Etwa 5 Minuten vor Garzeitende den Toast ausdrücken und mit den Apfelspalten – bis auf etwa ein Viertel – in die Suppe geben. Die Suppe mit dem Stabmixer pürieren, dabei die Sojasahne untermixen. Die Suppe nach Belieben durch ein Sieb streichen. Nochmals erhitzen und mit Salz und Pfeffer würzen.

05. Das restliche Öl in einer Pfanne erhitzen, die beiseitegelegten Apfelspalten auf beiden Seiten braten. Die Suppe auf tiefe Teller oder Suppentassen verteilen, jeweils 1 Apfelspalte hineingeben und mit dem Selleriegrün und nach Belieben mit Selleriechips (siehe Tipp) garniert servieren.

TIPP — *Für die Chips 1 Sellerieknolle schälen und halbieren. Aus der Mitte mit der Brotschneidemaschine 4 sehr dünne Scheiben schneiden und in Öl knusprig frittieren. Restlichen Sellerie für die Suppe verwenden.*

ZUTATEN
FÜR 4 PERSONEN

+ 1 kleine Sellerieknolle (mit Grün; ca. 150 g)
+ 1 Schalotte
+ 1 haselnussgroßes Stück Ingwer
+ 2 EL Öl
+ 1 TL Currypulver
+ 1 Msp. Safranpulver
+ ¼ l Gemüsebrühe
+ 1 säuerlicher Apfel (z. B. Boskop)
+ 1–2 EL Zitronensaft
+ 2 Scheiben Toastbrot (nach Belieben Vollkorntoast)
+ 1 EL Sojasahne
+ Salz • Pfeffer aus der Mühle

LINSENCREMESUPPE
MIT STEINPILZEN UND ÄPFELN

ZUTATEN FÜR 4 PERSONEN

+ 300 g grüne Puy-Linsen
+ 1 l Pilzfond
+ 150 g Knollensellerie
+ 2 Möhren • 2 Zwiebeln
+ 2 Knoblauchzehen
+ 2 große säuerliche Äpfel (z. B. Boskop)
+ 4 EL Öl
+ 1 EL gehackter Thymian
+ ¼ l trockener Weißwein
+ 100 g Sojasahne (oder andere Pflanzen-sahne)
+ Salz • Pfeffer aus der Mühle
+ 200 g frische Steinpilze (in Scheiben)
+ einige Tropfen Aceto balsamico

ZUBEREITUNG

01. Die Linsen in einem Sieb abbrausen und abtropfen lassen. Mit dem Fond in einem Topf aufkochen und 20 Minuten köcheln lassen.

02. Das Gemüse und 1 Apfel putzen, schä-len und in kleine Stücke schneiden. In einer Pfanne 2 EL Öl erhitzen und Sellerie, Möhren, Zwiebeln und Knoblauch mit den Apfel-stücken darin andünsten. Den Thymian unterrühren.

03. Mit dem Wein ablöschen und kurz köcheln lassen. Etwa ein Viertel der Linsen aus dem Topf nehmen. Die Gemüse-Apfel-Mischung in den Linsentopf geben und etwa

10 Minuten mitkochen. Die Suppe mit dem Stabmixer pürieren, die Sojasahne untermixen und mit Salz und Pfeffer würzen. Die beiseite-gestellten Linsen wieder in die Suppe geben.

04. Den übrigen Apfel schälen, vierteln, ent-kernen und in dünne Spalten schneiden. Die Steinpilze im restlichen Öl auf beiden Seiten anbraten. Apfelspalten hinzufügen und mit-braten. Die Linsencremesuppe mit den Pilz-scheiben und den Apfelspalten in Suppentas-sen anrichten und mit etwas Essig beträufeln.

ROTE-BETE-SUPPE
MIT MEERRETTICH

ZUTATEN FÜR 4 PERSONEN

+ 1 Zwiebel
+ 150 g mehligkochende Kartoffeln
+ 400 g Rote Beten
+ 1 EL Öl
+ ca. 800 ml Gemüsebrühe
+ Salz • Pfeffer aus der Mühle
+ 1–2 EL Weinessig
+ gemahlener Kümmel
+ Pimentpulver
+ 1 Lorbeerblatt
+ 1 EL Meerrettich (aus dem Glas)
+ 150 g Sojasahne

ZUBEREITUNG

01. Die Zwiebel schälen und in feine Würfel schneiden. Die Kartoffeln schälen und waschen. Die Roten Beten putzen und schälen. Dabei am besten Einweghandschuhe tragen, da die Knollen stark abfärben. Beides in kleine Würfel schneiden.

02. Das Öl in einem Topf erhitzen und die Zwiebel darin andünsten. Die Kartoffeln und die Roten Beten dazugeben und kurz mitdünsten. Die Brühe angießen, mit Salz, Pfeffer, Essig und je 1 Prise Kümmel und Piment würzen, das Lorbeerblatt dazugeben und alles zugedeckt etwa 20 Minuten köcheln lassen.

03. Das Lorbeerblatt aus der Suppe nehmen, den Meerrettich dazugeben und die Suppe mit dem Stabmixer fein pürieren. 100 g Sojasahne unterrühren, die Suppe bei Bedarf noch etwas einköcheln lassen oder noch etwas Brühe angießen, falls sie zu dick ist.

04. Die Suppe abschmecken und auf tiefe Teller oder Schälchen verteilen. Mit der restlichen Sojasahne garnieren und etwas Pfeffer grob darübermahlen.

RADIESCHENCREMESUPPE
MIT KARTOFFELN

ZUBEREITUNG

01. Die Radieschen putzen und waschen, die Radieschen-blätter waschen, trocken schütteln und grob hacken. 3 bis 4 Radieschen in feine Scheiben schneiden oder hobeln, den Rest in sehr feine Würfel schneiden.

02. Die Kartoffeln schälen, waschen und in kleine Würfel schneiden. Die Schalotte und den Knoblauch schälen und in feine Würfel schneiden.

03. Die Margarine in einem Topf erhitzen, die Schalotte und den Knoblauch darin andünsten. Die Kartoffeln und die Radieschenblätter dazugeben und die Brühe angießen. Bei schwacher Hitze etwa 15 Minuten köcheln lassen.

04. Die Suppe mit dem Stabmixer fein pürieren. Die Soja-sahne unterrühren und die Suppe mit Salz und Pfeffer abschmecken. Die gewürfelten Radieschen untermischen und kurz erhitzen.

05. Die Radieschencremesuppe auf Teller verteilen und mit den Radieschenscheiben garniert servieren.

TIPP — *Verwenden Sie zum Binden von Suppen möglichst immer mehligkochende Kartoffeln. Deren hoher Stärkeanteil sorgt dafür, dass die Suppe nach dem Pürieren schön sämig wird.*

ZUTATEN
FÜR 4 PERSONEN

+ **12 Radieschen**
+ **150 g Radieschenblätter**
+ **200 g mehligkochende Kartoffeln**
+ **1 Schalotte**
+ **1 Knoblauchzehe**
+ **2 EL vegane Margarine**
+ **ca. 800 ml Gemüsebrühe**
+ **2—3 EL Sojasahne**
+ **Salz • Pfeffer aus der Mühle**

MISOSUPPE
MIT TOFU UND SPARGEL

ZUBEREITUNG

01. Den Ingwer schälen und in Scheiben schneiden. Vom Zitronengras die welken Außenblätter und die obere trockene Hälfte entfernen. Das Zitronengras längs halbieren. Den Knoblauch schälen und in Scheiben schneiden.

02. In einem Topf die Brühe aufkochen. Das Zitronengras und den Ingwer hinzufügen und bei schwacher Hitze etwa 10 Minuten köcheln lassen.

03. Inzwischen den Spargel waschen, im unteren Drittel schälen und die holzigen Enden abschneiden. Die Spargelstangen in 4 bis 5 cm lange Stücke schneiden. Den Tofu in Würfel schneiden und auf kleine Schälchen verteilen.

04. Die Suppe durch ein feines Sieb in einen weiteren Topf gießen und erneut aufkochen lassen. Die Misopaste und die Sojasauce einrühren, den Spargel dazugeben und bei schwacher Hitze 6 bis 8 Minuten gar ziehen lassen.

05. Die Suppe abschmecken, vorsichtig über die Tofuwürfel in den Schälchen gießen und servieren.

TIPP — *Die Schale von grünem Spargel ist zarter als die von weißem, weshalb die Stangen allenfalls im unteren Drittel geschält werden müssen. Bei dünnen Stangen reicht es oft, nur die holzigen Enden abzuschneiden.*

ZUTATEN
FÜR 4 PERSONEN

+ **1 walnussgroßes Stück Ingwer**
+ **1 Stängel Zitronengras**
+ **1 Knoblauchzehe**
+ **1 l Gemüsebrühe**
+ **500 g grüner Spargel**
+ **400 g Tofu**
+ **3 – 4 EL helle Misopaste**
+ **3 – 4 EL helle Sojasauce**

KÜRBISCREMESUPPE
MIT KOKOSMILCH UND REISNUDELN

ZUBEREITUNG

01. Die Kartoffeln schälen, waschen und mit dem Kürbisfruchtfleisch in Würfel schneiden. Die Zwiebel und den Knoblauch schälen und in feine Würfel schneiden.

02. Das Öl in einem Topf erhitzen und die Zwiebel und den Knoblauch darin andünsten. Die Kürbis- und die Kartoffelwürfel dazugeben, mit dem Curry bestäuben und kurz mitdünsten. Die Brühe und die Kokosmilch angießen und bei schwacher Hitze etwa 25 Minuten köcheln lassen.

03. Die Reisnudeln mit kochendem Salzwasser übergießen und etwa 10 Minuten quellen lassen.

04. Die Kürbissuppe mit dem Stabmixer fein pürieren und durch ein feines Sieb streichen. Je nach gewünschter Konsistenz noch Brühe unterrühren oder noch etwas einköcheln lassen. Mit Sojasauce abschmecken.

05. Die Sprossen in ein Sieb geben, mit kochend heißem Wasser übergießen und abtropfen lassen. Die Nudeln in ein Sieb abgießen und abtropfen lassen. Nudeln und Sprossen auf Suppenschalen verteilen, die Suppe darübergießen und mit Korianderblättern und Chilistreifen garniert servieren.

TIPP — *Wer es gerne stückiger mag, kann vor dem Pürieren mit dem Schaumlöffel einige Kürbis- und Kartoffelwürfel aus dem Topf nehmen und anschließend wieder hinzufügen. Für eine extra Portion Crunch und B-Vitamine streuen Sie zusätzlich leicht angeröstete Kürbiskerne auf die Suppe.*

ZUTATEN
FÜR 4 PERSONEN

+ **200 g mehligkochende Kartoffeln**
+ **400 g Kürbisfruchtfleisch (z. B. Muskat- oder Butternusskürbis)**
+ **1 Zwiebel**
+ **1 Knoblauchzehe**
+ **1 EL Öl**
+ **1 EL Currypulver**
+ **ca. 400 ml Gemüsebrühe**
+ **400 ml Kokosmilch**
+ **200 g dünne Reisnudeln**
+ **Salz**
+ **2—3 EL helle Sojasauce**
+ **1 Handvoll Mungobohnensprossen**
+ **Korianderblätter und Chilistreifen für die Deko**

POLENTASUPPE
MIT MANGO UND ZITRONENGRAS

ZUBEREITUNG

01. Die Zwiebel schälen und in feine Würfel schneiden. In einem Topf 2 EL Olivenöl erhitzen und die Zwiebel darin andünsten. Das Currypulver darüberstäuben, kurz mitdünsten und mit dem Wein ablöschen. Die Brühe dazugießen und alles aufkochen lassen.

02. Die Mango schälen, das Fruchtfleisch zuerst in breiten Streifen vom Stein und dann in kleine Würfel schneiden. Für die Suppeneinlage ein Viertel der Mangowürfel beiseitestellen. Die Zitronengrasstängel waschen, längs halbieren und etwas flach klopfen. Die Mangowürfel mit dem Zitronengras in die kochende Brühe geben. Die Polenta unter Rühren einrieseln lassen und 1 bis 2 Minuten köcheln lassen, bis sie anfängt zu quellen. Die Suppe vom Herd nehmen und weitere 5 bis 8 Minuten zugedeckt ziehen lassen.

03. Inzwischen den Toast entrinden und in kleine Würfel schneiden. Die Peperoni längs halbieren, entkernen, waschen und in feine Streifen schneiden. Die Toastbrotwürfel in einer Pfanne in 1 EL Olivenöl rundum goldbraun rösten. Die Peperoni dazugeben und untermischen, alles mit 1 Prise Salz würzen. Die Croûtons aus der Pfanne nehmen und auf Küchenpapier abtropfen lassen.

04. Die Suppe erneut aufkochen lassen und mit Salz würzen. Vom Herd nehmen, das Zitronengras entfernen und das restliche Olivenöl mit dem Stabmixer unterrühren. Die Polentasuppe in tiefe Teller oder Schälchen verteilen und mit den Mangowürfeln und den Peperoni-Croûtons bestreuen.

ZUTATEN
FÜR 4 PERSONEN

+ 1 kleine Zwiebel
+ 4 EL Olivenöl
+ ½ EL Currypulver
+ 75 ml trockener Weißwein
+ 700 ml Gemüsebrühe
+ 1 kleine Mango
+ 2 Stängel Zitronengras
+ 3–4 EL Instant-Polenta
+ 4 Scheiben Toastbrot (nach Belieben auch Vollkorntoast)
+ 1 grüne Peperoni
+ Salz

NUDELSUPPE
MIT TOFU

ZUBEREITUNG

01. Die Nudeln in einer Schüssel mit 1 EL Hoisinsauce und kochendem Wasser übergießen und etwa 10 Minuten ziehen lassen, bis sie weich sind. Die Nudeln in ein Sieb abgießen und gut abtropfen lassen. Nach Belieben mit einer Schere etwas kürzer schneiden.

02. Den Tofu würfeln. Den Mais abtropfen lassen und ganz lassen oder längs halbieren. Den Pak-Choi putzen, waschen und in Streifen schneiden.

03. In einem Topf das Öl erhitzen und die Nudeln, den Tofu, den Mais und den Pak-Choi darin bei starker Hitze unter Rühren anbraten. Die Currypaste und 1 Prise Zucker einrühren und mit dem Wein ablöschen. Die Brühe angießen, die restliche Hoisinsauce und den Reiswein dazugeben und zugedeckt bei schwacher Hitze etwa 5 Minuten köcheln lassen.

04. Den Koriander waschen, trocken schütteln und die Blätter abzupfen. Die Suppe auf Schälchen verteilen und mit Koriander bestreut servieren.

TIPP — *Für mehr Abwechslung im Suppenalltag sorgen Sie z. B. mit roter Currypaste, die der Suppe eine deutlich schärfere Note verleiht. Auch mit grüner Currypaste erzielen Sie eine ganz andere Nuance.*

ZUTATEN FÜR 4 PERSONEN

+ **200 g dünne Reisnudeln**
+ **2 EL Hoisinsauce**
+ **400 g Tofu**
+ **300 g Mini-Maiskölbchen (aus dem Glas)**
+ **300 g Pak-Choi**
+ **1 EL Sesamöl**
+ **1 TL gelbe Currypaste**
+ **brauner Zucker**
+ **100 ml trockener Weißwein**
+ **ca. 900 ml Gemüsebrühe**
+ **4 cl Reiswein**
+ **1 Handvoll Koriander**

NUDELN, REIS & CO.

ASIA-GEMÜSE
MIT ZUCKERSCHOTEN UND MÖHREN

ZUBEREITUNG

01. Den Knoblauch und den Ingwer schälen und in feine Würfel schneiden. Die Chilischote längs halbieren, entkernen, waschen und ebenfalls in feine Würfel schneiden.

02. Die Zucchini putzen, waschen, längs halbieren und quer in dünne Scheiben schneiden. Die Möhren putzen, schälen und in Stifte schneiden. Die Zuckerschoten putzen, waschen und schräg halbieren.

03. Die Mandeln im Wok ohne Fett leicht anrösten, herausnehmen, abkühlen lassen und hacken. Das Öl im Wok erhitzen, Knoblauch und Ingwer darin anbraten. Die Möhren dazugeben und unter Rühren 3 bis 4 Minuten braten. Dann das restliche Gemüse untermischen, kurz mitbraten und mit der Kokosmilch ablöschen.

04. Die Chilischote und die gehackten Mandeln dazugeben, mit Salz würzen und bei mittlerer Hitze 5 Minuten köcheln lassen. Das Asia-Gemüse mit Zitronensaft und Agavendicksaft abschmecken, auf Tellern anrichten und nach Belieben mit Reis servieren und mit Minze garnieren.

───────

TIPP — *Zum Schälen von Mandeln diese kurz in kochendem Wasser blanchieren und anschließend kalt abschrecken. Die Mandeln lassen sich dann ganz einfach mit den Fingern aus den Häutchen drücken.*

ZUTATEN
FÜR 4 PERSONEN

+ **2 Knoblauchzehen**
+ **1 walnussgroßes Stück Ingwer**
+ **1 rote Chilischote**
+ **2 Zucchini**
+ **400 g Möhren**
+ **400 g Zuckerschoten**
+ **2 EL ganze blanchierte Mandeln**
+ **2 EL Sesamöl**
+ **350—400 ml Kokosmilch**
+ **Salz**
+ **1—2 EL Zitronensaft**
+ **Agavendicksaft (ersatzweise brauner Zucker)**

SEITANCURRY
MIT KICHERERBSEN UND TOMATEN

ZUBEREITUNG

01. Die Kichererbsen in ein Sieb abgießen, kalt abbrausen und abtropfen lassen. Den Seitan in mundgerechte Stücke schneiden. Sojasauce, 1 EL Öl, Currypulver und Pfeffer in einem tiefen Teller verrühren und den Seitan darin etwas ziehen lassen.

02. Die Zwiebeln schälen und in feine Ringe schneiden. Die Tomaten waschen und in grobe Würfel schneiden, dabei die Stielansätze entfernen. Das restliche Öl in einem Topf erhitzen und die Zwiebeln darin andünsten. Dann die Tomaten und die Kichererbsen dazugeben, etwas mitdünsten, mit der Brühe aufgießen und etwa 10 Minuten köcheln lassen.

03. Den Spinat verlesen, waschen und trocken schleudern. Die Minze waschen und trocken schütteln, die Blätter abzupfen und die Hälfte der Blätter fein hacken. Den Seitan etwas abtropfen lassen und mit der gehackten Minze und dem Spinat zum Eintopf geben. Weitere 5 Minuten köcheln lassen. Nach Bedarf noch etwas Brühe hinzufügen.

04. Das Seitancurry abschmecken, in Schüsseln anrichten und mit Minze garnieren. Dazu nach Belieben Reis, am besten Vollkornreis, servieren.

ZUTATEN
FÜR 4 PERSONEN

+ **300 g Kichererbsen (aus der Dose)**
+ **400 g Seitan**
+ **1–2 EL Sojasauce**
+ **2 EL Sesamöl**
+ **1 EL Currypulver**
+ **Pfeffer aus der Mühle**
+ **2 rote Zwiebeln**
+ **500 g Tomaten**
+ **ca. 200 ml Gemüsebrühe**
+ **1 Handvoll junger Spinat**
+ **1–2 Stiele Minze**

———

TIPP — *Seitan hat eine bissfeste Konsistenz, die an Fleisch erinnert. Er ist jedoch ein rein pflanzliches Produkt, das aus Gluten hergestellt wird, dem Klebereiweiß des Weizenmehls. Sie finden Seitan im gut sortierten Bioladen im Kühlregal. Alternativ eignet sich auch fester Naturtofu.*

WALDPILZRISOTTO
MIT WEISSWEIN

ZUTATEN FÜR 4 PERSONEN

+ **750 g gemischte Waldpilze (z. B. Pfifferlinge, Steinpilze, Maronenröhrlinge)**
+ **ca. 800 ml Gemüsebrühe**
+ **2 Zwiebeln**
+ **1 Knoblauchzehe**
+ **3 – 4 EL Olivenöl**
+ **1 Lorbeerblatt**
+ **1 Msp. Steinpilzpulver**
+ **350 g Risottoreis (nach Belieben Vollkornrisottoreis)**
+ **150 ml trockener Weißwein**
+ **Salz • Pfeffer aus der Mühle**
+ **2 EL gehackte Petersilie**

ZUBEREITUNG

01. Die Pilze putzen, eventuell mit Küchenpapier trocken abreiben, je nach Größe ganz lassen oder in Stücke schneiden. Die Brühe erhitzen. Die Zwiebeln und den Knoblauch schälen, Zwiebeln in feine Würfel schneiden.

02. In einem Topf 1 bis 2 EL Olivenöl erhitzen und die Zwiebeln darin andünsten. Das Lorbeerblatt und das Steinpilzpulver hinzufügen und den Knoblauch dazupressen.

03. Den Reis dazugeben und kurz mitdünsten. Mit dem Wein ablöschen und etwas einkochen lassen. Ein Viertel der heißen Brühe angießen und mit Salz und Pfeffer würzen.

Den Reis in etwa 20 Minuten bei schwacher Hitze ausquellen lassen, dabei nach und nach die restliche Brühe angießen. Gelegentlich umrühren.

04. Die Pilze portionsweise im restlichen Olivenöl goldbraun braten, mit Salz und Pfeffer würzen und mit der Petersilie unter den Risotto mischen. Das Lorbeerblatt entfernen, den Waldpilzrisotto abschmecken und sofort servieren.

MUSCHELNUDELN
MIT TOFU-PESTO-FÜLLUNG

ZUTATEN FÜR 4 PERSONEN

FÜR DIE TOMATENSAUCE:
+ 1 Zwiebel • 1 Knoblauchzehe
+ 1 EL Olivenöl
+ 400 g stückige Tomaten (aus der Dose)
+ ½ TL getrockneter Oregano
+ Salz • Pfeffer aus der Mühle

FÜR DIE NUDELN UND DAS PESTO:
+ 250 g große Muschelnudeln (Conchiglioni)
+ Salz
+ 2 Handvoll Basilikum
+ 1 Knoblauchzehe
+ 4 EL Olivenöl
+ 50 g Pinienkerne
+ 250 g Seidentofu

ZUBEREITUNG

01. Für die Tomatensauce die Zwiebel und den Knoblauch schälen und in feine Würfel schneiden. Das Olivenöl in einem Topf erhitzen und beides darin andünsten. Die Tomaten und den Oregano hinzufügen und zugedeckt bei mittlerer Hitze etwa 10 Minuten garen. Mit Salz und Pfeffer würzen.

02. Für die Nudeln die Muschelnudeln in reichlich kochendem Salzwasser nach Packungsanweisung bissfest garen. In ein Sieb abgießen, kalt abschrecken und gut abtropfen lassen.

03. Inzwischen für das Pesto das Basilikum waschen, trocken schütteln und die Blätter abzupfen. Den Knoblauch schälen. Basilikum, Knoblauch, Olivenöl und Pinienkerne im Küchenmixer kurz pürieren, den Tofu dazugeben und alles zu einer cremigen Paste verarbeiten. Mit Salz würzen.

04. Die Muschelnudeln mit dem Pesto füllen und auf Tellern anrichten. Mit der Tomatensauce beträufeln und sofort servieren. Nach Belieben zusätzlich mit gerösteten, gehackten Walnüssen bestreuen.

PAPPARDELLE
MIT ROTER BETE

ZUBEREITUNG

01. Die Möhren putzen, schälen und schräg in Stifte schneiden. Die Roten Beten putzen, schälen und in schmale Spalten schneiden. Dabei am besten Einweghandschuhe tragen, da die roten Knollen stark abfärben. Zunächst die Möhren in einem Topf in kochendem Salzwasser 2 Minuten blanchieren. Mit dem Schaumlöffel herausheben und abtropfen lassen. Die Rote-Bete-Spalten in das kochende Salzwasser geben und 12 bis 15 Minuten garen. In ein Sieb abgießen und abtropfen lassen.

02. Die Schalotten schälen und in Spalten schneiden. Das Olivenöl in einer Pfanne erhitzen und die Schalotten darin andünsten. Die Möhren und Roten Beten dazugeben. Den Thymian waschen und trocken schütteln, die Blätter abzupfen und zum Gemüse geben. Mit Puderzucker bestäuben und das Gemüse leicht karamellisieren. Mit dem Wein ablöschen, die Brühe dazugießen und alles etwa 5 Minuten schmoren.

03. Inzwischen die Pappardelle nach Packungsanweisung in reichlich kochendem Salzwasser bissfest garen. Die Nudeln in ein Sieb abgießen, kurz abtropfen lassen und unter das Gemüse mischen. Mit Salz und Pfeffer würzen und servieren.

———

TIPP — *Wenn es fix gehen soll: Rote Beten gibt es vorgegart und vakuumverpackt in der Gemüseabteilung gut sortierter Supermärkte. Extra knackig und aromatisch wird die Herbstpasta mit Nüssen.*

ZUTATEN
FÜR 4 PERSONEN

+ **4 Möhren**
+ **3 Rote Beten**
+ **Salz**
+ **300 g Schalotten**
+ **2 EL Olivenöl**
+ **3 Zweige Thymian**
+ **1 TL Puderzucker**
+ **50 ml trockener Weißwein**
+ **100 ml Gemüsebrühe**
+ **350 g Pappardelle (nach Belieben Vollkornnudeln)**
+ **Pfeffer aus der Mühle**

ORECCHIETTE
MIT BALSAMICO-LINSEN

ZUBEREITUNG

01. Die Belugalinsen in einem Sieb waschen und abtropfen lassen. Die Linsen in einem Topf in reichlich Wasser etwa 20 Minuten bissfest kochen.

02. Die Frühlingszwiebeln putzen und waschen. Das Zwiebelgrün schräg in feine Ringe, das Weiße der Frühlingszwiebeln in feine Würfel schneiden. Die Trauben waschen, halbieren und nach Belieben entkernen.

03. Die Orecchiette nach Packungsanweisung in kochendem Salzwasser bissfest garen. Die Pinienkerne in einer Pfanne ohne Fett goldbraun rösten und herausnehmen.

04. Das Olivenöl in der Pfanne erhitzen und die Zwiebelwürfel darin andünsten. Die Linsen in ein Sieb abgießen, kurz abtropfen lassen und in die Pfanne geben. Den braunen Zucker unterrühren, alles mit dem Essig ablöschen und mit Salz und Pfeffer kräftig würzen. Die Nudeln in ein Sieb abgießen und mit den Balsamico-Linsen mischen. Die Trauben, die grünen Zwiebelringe und die Pinienkerne unterrühren. Die Orecchiette auf Tellern anrichten und etwas Pfeffer grob darübermahlen.

———

TIPP — *Noch edler: Bereiten Sie die Balsamico-Linsen mit zwölfjährigem Aceto balsamico zu. In diesem Fall können Sie die Zuckermenge etwas reduzieren, da der lange gelagerte Essig eine leicht süßliche Note hat.*

ZUTATEN
FÜR 4 PERSONEN

+ **200 g Belugalinsen**
+ **3 Frühlingszwiebeln**
+ **200 g blaue Weintrauben**
+ **350 g Orecchiette**
+ **Salz**
+ **2 EL Pinienkerne**
+ **3 EL Olivenöl**
+ **1 EL brauner Zucker**
+ **6 EL Aceto balsamico**
+ **Pfeffer aus der Mühle**

COUSCOUS
MIT ZUCCHINI UND PILZEN

ZUBEREITUNG

01. Die Frühlingszwiebeln putzen, waschen und in feine Ringe schneiden. Den Knoblauch schälen und in feine Würfel schneiden. Die Zucchini putzen, waschen, längs halbieren und quer in feine Scheiben schneiden. Die Pilze putzen, trocken abreiben und halbieren.

02. Das Öl in einer Pfanne erhitzen und den Knoblauch darin andünsten. Die Frühlingszwiebeln, die Zucchini und die Pilze dazugeben und unter gelegentlichem Rühren anbraten. Mit Salz, Pfeffer, Kreuzkümmel und Currypulver würzen.

03. Die Brühe in einem Topf erhitzen. Den Couscous in eine Schüssel geben, mit der heißen Brühe übergießen und etwa 10 Minuten quellen lassen. Den Couscous mit einer Gabel auflockern, das Gemüse untermischen und mit Salz, Cayennepfeffer und Limettensaft abschmecken.

04. Den Gemüse-Couscous in Schälchen anrichten und mit Basilikum garniert servieren.

TIPP — *Ersetzen Sie den Couscous in diesem Gericht einmal durch Hirse, die besonders eisenreich ist. Die Hirse in kochender Gemüsebrühe weich garen, in ein Sieb abgießen und abtropfen lassen.*

ZUTATEN FÜR 4 PERSONEN

+ 2 Frühlingszwiebeln
+ 2 Knoblauchzehen
+ 200 g Zucchini
+ 200 g kleine Champignons
+ 2 EL Öl
+ Salz • Pfeffer aus der Mühle
+ gemahlener Kreuzkümmel
+ 1 TL Currypulver
+ 400 ml Gemüsebrühe
+ 300 g Instant-Couscous
+ Cayennepfeffer
+ 1–2 EL Limettensaft
+ Basilikum für die Deko

GEMÜSEAUFLAUF
MIT BUCHWEIZEN UND DILLSAUCE

ZUTATEN FÜR 4 PERSONEN

+ **350 g Buchweizen**
+ **ca. 500 ml Gemüsebrühe**
+ **Öl für die Form**
+ **2 rote Paprikaschoten**
+ **1 Stange Lauch**
+ **1 Knoblauchzehe**
+ **150 g Knollensellerie**
+ **Salz • Pfeffer aus der Mühle**
+ **3–4 Stiele Dill**
+ **100 g Tofu**
+ **150 g Sojaghurt**
+ **1 Spritzer Zitronensaft**

ZUBEREITUNG

01. Den Buchweizen in der Brühe etwa 10 Minuten köcheln lassen, er sollte nicht zu weich sein, sondern noch Biss haben.

02. Den Backofen auf 200 °C vorheizen. Eine ofenfeste Form einfetten. Die Paprika längs halbieren, entkernen, waschen und in mundgerechte Stücke schneiden. Den Lauch putzen, waschen und in Ringe schneiden. Den Knoblauch schälen und in feine Würfel schneiden. Den Sellerie putzen, schälen, in dünne Scheiben und diese in Stücke schneiden.

03. Paprika, Lauch, Sellerie und Knoblauch unter den Buchweizen mischen und kräftig mit Salz und Pfeffer würzen. Die Mischung in der Form verteilen und im Ofen auf der mittleren Schiene 15 Minuten garen.

04. Inzwischen den Dill waschen, trocken schütteln, die Spitzen abzupfen und fein hacken. Den Tofu mit dem Sojaghurt mit dem Stabmixer pürieren, den Dill unterrühren und die Sauce mit Zitronensaft, Salz und Pfeffer abschmecken. Die Sauce über den Auflauf geben und den Gemüseauflauf im Ofen weitere etwa 15 Minuten backen.

MIE-NUDELN
MIT TOFU UND SPROSSEN

ZUTATEN FÜR 4 PERSONEN

+ **3 Knoblauchzehen**
+ **1 EL geriebener Ingwer**
+ **2 EL Zitronensaft**
+ **4 EL Erdnussöl**
+ **4 EL helle Sojasauce**
+ **125 g Tofu**
+ **3 Frühlingszwiebeln**
+ **1 gelbe Paprikaschote**
+ **1 Möhre**
+ **100 g Mungobohnensprossen**
+ **50 ml Gemüsebrühe**
+ **1 TL brauner Zucker**
+ **250 g Mie-Nudeln (gegart und abgetropft)**
+ **Salz**

ZUBEREITUNG

01. Den Backofen auf 180 °C vorheizen. Den Knoblauch schälen und in feine Würfel schneiden. Je die Hälfte des Knoblauchs und des Ingwers mit dem Zitronensaft, 2 EL Erd- nussöl und 2 EL Sojasauce verrühren. Den Tofu trocken tupfen, in Würfel schneiden und mit der Marinade in einer ofenfesten Form mischen. Im Ofen auf der mittleren Schiene etwa 10 Minuten goldbraun backen.

02. Frühlingszwiebeln putzen, waschen und in Ringe schneiden. Paprika längs halbieren, entkernen und waschen. Möhre putzen und schälen. Beides in Streifen schneiden. Spros- sen heiß abbrausen und abtropfen lassen.

03. Den restlichen Knoblauch, die Paprika- und Möhrenstreifen in 2 EL Erdnussöl im Wok oder in einer Pfanne unter Rühren etwa 1 Minute anbraten. Die Frühlingszwiebeln, die Sprossen, den restlichen geriebenen Ingwer und die Tofuwürfel dazugeben und unter Rühren weitere 2 Minuten braten. Die übrige Sojasauce, die Brühe und den Zucker hinzu- fügen. Die Nudeln untermischen und bei schwacher Hitze 1 bis 2 Minuten zugedeckt erhitzen. Mit Salz würzen. Nach Belieben mit gehackten Erdnüssen bestreuen.

ORANGEN-COUSCOUS
MIT MÖHREN UND BASILIKUM

ZUBEREITUNG

01. Die Orangen heiß waschen, trocken reiben und mit dem Zestenreißer etwa 2 EL Schale in feinen Streifen abziehen. Anschließend die Orangen so großzügig schälen, dass auch die weiße Haut mit entfernt wird. Die Filets aus den Trennhäuten schneiden, den dabei austretenden Saft auffangen.

02. Die Orangenschalenstreifen mit der Brühe und 1 EL Olivenöl in einem Topf erhitzen. Die Möhren schälen und 2 cm vom Grün stehen lassen. Die Möhren in der Orangenbrühe zugedeckt 8 bis 10 Minuten garen. Die Möhren aus der Brühe nehmen, abtropfen lassen und warm halten.

03. Den Orangensaft, den Kardamom, den Essig und das restliche Olivenöl in die Orangenbrühe geben. Den Knoblauch schälen, in feine Würfel schneiden und hinzufügen. Die Orangenbrühe einmal aufkochen. Den Couscous in eine Schüssel geben, mit der heißen Orangenbrühe übergießen und 5 Minuten quellen lassen. Den Orangen-Couscous mit einer Gabel auflockern und mit Salz, Pfeffer und Cayennepfeffer würzen.

04. Das Basilikum waschen, trocken schütteln und die Blätter abzupfen. Den Couscous mit den Möhren und den Orangenfilets vorsichtig mischen und auf Tellern anrichten. Die Basilikumblätter darüberstreuen.

TIPP — *Wichtig! Lockern Sie den gequollenen Couscous immer am besten mit einer Gabel oder Stäbchen auf! Mit einem Löffel werden die zarten Getreidekügelchen ansonsten schnell zerdrückt.*

ZUTATEN
FÜR 4 PERSONEN

+ **2 Bio-Orangen**
+ **¼ l Gemüsebrühe**
+ **3 EL Olivenöl**
+ **600 g kleine Bundmöhren**
+ **1 Msp. gemahlener Kardamom**
+ **2 EL Balsamico bianco**
+ **1 Knoblauchzehe**
+ **180 g Instant-Couscous**
+ **Salz • Pfeffer aus der Mühle**
+ **Cayennepfeffer**
+ **1 Stiel Basilikum**

– VEGAN –

GEFÜLLTE PAPRIKA
MIT COUSCOUS UND KORINTHEN

ZUBEREITUNG

01. Die Zitrone heiß waschen, trocken reiben und in Stücke schneiden. Die Mandelblättchen in einer Pfanne ohne Fett goldbraun rösten. Die Peperoni putzen, waschen und in Ringe schneiden, nach Belieben entkernen.

02. Die Brühe mit den Zitronenstücken, den Peperoniringen, den Korinthen, den Senf- und den Korianderkörnern aufkochen. Den Couscous in einer Schüssel mit der heißen Brühe übergießen und 5 Minuten quellen lassen. Dann mit einer Gabel auflockern, dabei das Öl und die gerösteten Mandelblättchen unterrühren. Die Mischung mit Salz und Pfeffer würzen.

03. Von jeder Paprikaschote einen Deckel abschneiden, die Schoten entkernen, waschen und mit dem Couscous füllen. Die Deckel wieder auf die Schoten setzen. Koriander waschen, trocken schütteln und auf die gefüllten Paprika verteilen.

04. Den Backofen auf 180 °C vorheizen. Die Zwiebel und den Knoblauch schälen und in feine Würfel schneiden. Das Olivenöl in einem Schmortopf erhitzen und die Zwiebel und den Knoblauch darin andünsten. Mit dem Zucker bestreuen und leicht karamellisieren. Mit dem Zitronensaft ablöschen, die Tomaten und die Curryblätter hinzufügen. Die Sauce mit Salz, Pfeffer und Kreuzkümmel würzen.

05. Die gefüllten Paprikaschoten in die Sauce setzen und zugedeckt im Ofen auf der mittleren Schiene etwa 50 Minuten schmoren. Die Paprikaschoten mit der Schmorsauce auf Tellern anrichten und sofort servieren.

ZUTATEN FÜR 4 PERSONEN

+ 1 Bio-Zitrone
+ 3 EL Mandelblättchen
+ 1 rote Peperoni
+ ¼ l Gemüsebrühe
+ 40 g Korinthen
+ 1 EL Senfkörner
+ 1 TL Korianderkörner
+ 200 g Instant-Couscous
+ 2 EL Öl
+ Salz • Pfeffer aus der Mühle
+ 4 rote Paprikaschoten
+ 8–12 Stiele Koriander
+ 1 Zwiebel
+ 1 Knoblauchzehe
+ 1 EL Olivenöl
+ ½ EL Zucker
+ 1 EL Zitronensaft
+ 800 g stückige Tomaten (aus der Dose)
+ 2–3 getrocknete Curryblätter
+ gemahlener Kreuzkümmel

ZUCCHINIQUICHE
MIT ERDNÜSSEN

ZUBEREITUNG

01. Den Backofen auf 180 °C vorheizen. Die Quicheform mit Olivenöl auspinseln.

02. Die Zucchini putzen, waschen und grob raspeln. Die Kartoffeln schälen, waschen und ebenfalls grob raspeln. Die Frühlingszwiebeln putzen, waschen und in feine Ringe schneiden.

03. Die Petersilie waschen und trocken schütteln, die Blätter abzupfen und fein hacken. Die Petersilie mit Soja-ghurt, Sojadrink, Kichererbsenmehl und Currypulver ver-mischen und mit Salz und Pfeffer würzen. Zucchini- und Kartoffelraspel sowie Frühlingszwiebelringe untermischen und die Masse in die Form füllen. Glatt streichen und mit den Erdnüssen bestreuen.

04. Die Zucchiniquiche im Ofen auf der mittleren Schiene etwa 50 Minuten goldbraun backen. Aus dem Ofen neh-men und noch warm servieren.

TIPP — *Getoppt mit Erdnüssen bekommt dieses Gericht nicht nur Biss, sondern versorgt Sie auch mit pflanzlichem Eiweiß, Jod, B-Vitaminen und Magnesium.*

ZUTATEN
FÜR 1 QUICHEFORM
(CA. 24 CM DURCHMESSER)

+ Olivenöl für die Form
+ 2 Zucchini
+ 400 g vorwiegend fest-kochende Kartoffeln
+ 4 Frühlingszwiebeln
+ ½ Bund Petersilie
+ 200 g Sojaghurt
+ 100 ml Sojadrink
+ 2 EL Kichererbsenmehl
+ 1 TL Currypulver
+ Salz • Pfeffer aus der Mühle
+ 50 g Erdnusskerne

GEMÜSECURRY
MIT KARTOFFELN UND ERBSEN

ZUBEREITUNG

01. Die Erbsen aus den Hülsen palen. Die Kartoffeln schälen und in mundgerechte Stücke schneiden. Die Orange heiß waschen, trocken reiben und die Hälfte der Schale dünn abschälen. Die Orange halbieren und den Saft auspressen. Die Frühlingszwiebel putzen, waschen und das Grün in feine Streifen schneiden. Das Weiße der Frühlingszwiebel in feine Würfel schneiden. Zwiebel, Ingwer und Knoblauch schälen und in feine Würfel schneiden. Die Chilischote waschen und in feine Ringe schneiden.

02. Das Öl in einem großem Topf erhitzen, das Weiße der Frühlingszwiebeln sowie die Zwiebel-, Ingwer- und Knoblauchwürfel darin andünsten. Die Chili dazugeben und alles mit dem Currypulver bestreuen. 1 bis 2 Minuten braten, bis es duftet. Dann mit der Kokosmilch und der Brühe ablöschen.

03. Die Kartoffeln und die Orangenschale sowie den -saft hineingeben und etwa 15 Minuten köcheln lassen. Dann die Erbsen dazugeben und weitere etwa 5 Minuten köcheln lassen. Die Orangenschale wieder entfernen.

04. Die Limette halbieren und den Saft auspressen. Koriander waschen und trocken schütteln. Die Blätter abzupfen und hacken. Etwas Limettensaft, den Koriander und die Frühlingszwiebelstreifen zum Curry geben. Das Gemüsecurry mit Salz, Cayennepfeffer und nochmals etwas Limettensaft abschmecken. Dazu passt veganes Naan-Brot.

TIPP — Erbsen sind, wie alle Hülsenfrüchte, ein wichtiger Eiweißlieferant. Frische Erbsen bekommen Sie von Juni bis August. Außerhalb der Saison können Sie tiefgekühlte Erbsen verwenden. Erbsen aus der Dose sind nicht empfehlenswert, da sie 90 Prozent ihrer Vitamine verloren haben.

ZUTATEN FÜR 4 PERSONEN

+ **800 g frische Erbsen**
+ **600 g festkochende Kartoffeln**
+ **1 Bio-Orange**
+ **1 Frühlingszwiebel**
+ **1 Zwiebel**
+ **40 g Ingwer**
+ **2 Knoblauchzehen**
+ **1 rote Chilischote**
+ **1–2 EL Rapsöl**
+ **1–2 EL Currypulver**
+ **600 ml Kokosmilch**
+ **ca. 400 ml Gemüsebrühe**
+ **1 Limette**
+ **½ Bund Koriander**
+ **Salz**
+ **Cayennepfeffer**

— VEGAN —

OFENKARTOFFELN
MIT ZWEIERLEI DIPS

ZUTATEN FÜR 4 PERSONEN

+ **12 festkochende Kartoffeln**
+ **1 Aubergine**
+ **Salz**
+ **200 g Sojaghurt**
+ **125 g Seidentofu**
+ **2 TL Zitronensaft**
+ **1 TL geriebener Meerrettich**
+ **1 Knoblauchzehe**
+ **1 TL abgeriebene Bio-Zitronenschale**
+ **Pfeffer aus der Mühle**
+ **1–2 EL Olivenöl**
+ **120 g Rote Beten (vorgegart und vakuumiert)**
+ **1 Kästchen Gartenkresse**

ZUBEREITUNG

01. Den Backofen auf 180 °C vorheizen. Die Kartoffeln waschen, sauber bürsten und trocken reiben. Mehrmals mit einer Gabel einstechen und einzeln in Alufolie wickeln. Auf dem Ofengitter im Ofen auf der mittleren Schiene etwa 1 Stunde backen.

02. Die Aubergine putzen, waschen, in dünne Scheiben schneiden, salzen und 15 Minuten ziehen lassen. Sojaghurt mit Tofu glatt rühren und halbieren. Eine Hälfte mit Zitronensaft und Meerrettich würzen. Den Knoblauch schälen, in feine Würfel schneiden und mit der Zitronenschale unter die andere Hälfte der Creme rühren. Beide Dips mit Salz und Pfeffer würzen.

03. Die Auberginenscheiben trocken tupfen und in einer Pfanne im Olivenöl auf beiden Seiten 2 bis 3 Minuten braten und mit Pfeffer würzen. Die Roten Beten in dünne Scheiben schneiden. Dabei am besten Einweghandschuhe tragen, da die Knollen stark abfärben. Die Kresse vom Beet schneiden. Die Kartoffeln aus der Folie wickeln, kreuzweise tief einschneiden, leicht aufdrücken und mit den Dips füllen.

04. Die Kartoffeln mit Meerrettichcreme mit Rote-Bete-Scheiben und Kresse garnieren. Auf die Knoblauchcreme die Auberginen geben.

KARTOFFELRÖSTI
MIT APFELMUS

ZUTATEN FÜR 4 PERSONEN

FÜR DAS APFELMUS:

+ **1–2 EL Apfeldicksaft (ersatzweise Zucker)**
+ **4 EL Zitronensaft**
+ **1 Stück Zimtstange**
+ **2 säuerliche Äpfel (z. B. Boskop)**

FÜR DIE RÖSTI:

+ **500 g vorwiegend festkochende Kartoffeln**
+ **6 EL Öl**
+ **Salz • Pfeffer aus der Mühle**

ZUBEREITUNG

01. Für das Apfelmus in einem Topf 100 ml Wasser mit Apfeldicksaft, Zitronensaft und der Zimtstange zum Kochen bringen. Inzwischen die Äpfel schälen, vierteln, entkernen und in kleine Würfel schneiden. Apfelwürfel im Zitronensud bei schwacher Hitze etwa 10 Minuten köcheln, bis sie zerfallen. Die Zimtstange entfernen, das Apfelmus beiseitestellen.

02. Den Backofen auf 90 °C vorheizen. Für die Rösti die Kartoffeln schälen, waschen, raspeln, in einem Küchentuch ausdrücken.

03. In einer beschichteten Pfanne wenig Öl erhitzen. Von den Kartoffelraspeln mit einem Esslöffel kleine Portionen abnehmen, in die Pfanne setzen und verstreichen. Die Rösti portionsweise bei mittlerer Hitze auf beiden Seiten goldbraun braten. Im Ofen warm halten, bis alle Rösti gebraten sind. Mit Salz und Pfeffer würzen, mit dem Apfelmus servieren.

PAPRIKAREIS
MIT SCHWARZEN BOHNEN

ZUBEREITUNG

01. Die Bohnen über Nacht in Wasser einweichen. Am nächsten Tag das Wasser abgießen und die Bohnen in einem Topf mit reichlich Wasser bedeckt aufkochen. Zugedeckt etwa 1 Stunde garen. Anschließend in ein Sieb abgießen, dabei das Kochwasser auffangen.

02. Die Zwiebeln und den Knoblauch schälen und in feine Würfel schneiden. Die Paprikaschoten längs halbieren, entkernen, waschen und in kleine Würfel schneiden.

03. Das Öl in einem Topf erhitzen, die Zwiebeln, den Knoblauch und die Paprika darin unter Rühren andünsten. Mit etwa 600 ml des Bohnenkochwassers ablöschen.

04. Den Reis auf einem Sieb unter fließendem kaltem Wasser waschen, bis das Wasser klar abläuft. Den Reis mit den Bohnen, dem Tomatenmark, dem Oregano und dem Lorbeerblatt zum Gemüse in den Topf geben. Mit Salz und Pfeffer würzen und unter gelegentlichem Rühren etwa 20 Minuten garen. Nach Bedarf weiteres Bohnenwasser angießen, am Ende sollte jedoch alle Flüssigkeit aufgesogen worden sein.

05. Den Paprikareis mit Salz und Pfeffer abschmecken und mit Petersilie garniert servieren.

TIPP — *In der südamerikanischen Küche gehören schwarze Bohnen zu den Grundnahrungsmitteln. Daneben sind sie gesund, vielseitig einsetzbar und sehr schmackhaft.*

ZUTATEN
FÜR 4 PERSONEN

+ **250 g getrocknete schwarze Bohnen**
+ **2 Zwiebeln**
+ **2 Knoblauchzehen**
+ **je 1 rote und grüne Paprikaschote**
+ **2 EL Öl**
+ **300 g Vollkornreis**
+ **1 EL Tomatenmark**
+ **1 TL getrockneter Oregano**
+ **1 Lorbeerblatt**
+ **Salz • Pfeffer aus der Mühle**
+ **Petersilie für die Deko**

KICHERERBSENCURRY
MIT SÜSSKARTOFFELN

ZUTATEN FÜR 4 PERSONEN

+ 500 g Süßkartoffeln
+ 1 walnussgroßes Stück Ingwer
+ 1 rote Chilischote
+ 2 Zwiebeln
+ 2 EL veganes Ghee (ersatzweise Kokosöl)
+ 1–2 TL gemahlene Kurkuma
+ 1 TL gemahlener Kreuzkümmel
+ 1 TL gemahlener Koriander
+ ca. 400 ml Gemüsebrühe
+ 400 ml Kokosmilch
+ 600 g Kichererbsen (aus der Dose)
+ 2 Handvoll Blattspinat
+ 1 Spritzer Limettensaft
+ Salz • Pfeffer aus der Mühle

ZUBEREITUNG

01. Die Süßkartoffeln waschen, schälen und in Stücke schneiden. Den Ingwer schälen und in feine Würfel schneiden. Die Chilischote waschen und einschneiden. Die Zwiebeln schälen und in feine Streifen schneiden.

02. Das Ghee in einem Topf erhitzen, die Chilischote und den Ingwer darin andünsten. Kurkuma, Kreuzkümmel und Koriander kurz dünsten und mit der Brühe sowie der Kokosmilch ablöschen. Die Süßkartoffeln dazugeben und unter gelegentlichem Rühren bei mittlerer Hitze etwa 20 Minuten gar köcheln.

03. Inzwischen die Kichererbsen in ein Sieb abgießen, kalt abbrausen und abtropfen lassen. Nach 10 Minuten zum Curry geben. Den Spinat verlesen und waschen, grobe Stiele entfernen. Den Spinat trocken schleudern und während der letzten 2 bis 3 Minuten unter das Curry mischen.

04. Das Kichererbsencurry mit Limettensaft, Salz und Pfeffer abschmecken und auf Schälchen verteilt servieren.

SAFRAN-PILAW
MIT CASHEWKERNEN

ZUTATEN FÜR 4 PERSONEN

+ **400 g Basmatireis (nach Belieben Vollkornreis)**
+ **3 EL Öl**
+ **75 g Cashewkerne**
+ **einige Safranfäden**
+ **1 EL Rosenwasser (aus der Apotheke)**
+ **1 Zwiebel**
+ **75 g Rosinen**
+ **Salz • Pfeffer aus der Mühle**
+ **700 ml Gemüsebrühe**
+ **4 EL Sojaghurt**

ZUBEREITUNG

01. Den Reis in einem Sieb unter fließendem kaltem Wasser waschen, bis das Wasser klar abläuft, und abtropfen lassen. Mit kaltem Wasser bedeckt etwa 30 Minuten quellen lassen.

02. In einer Pfanne 1½ EL Öl erhitzen und die Cashewkerne darin bei starker Hitze unter Rühren goldbraun rösten. Die Safranfäden im Rosenwasser einweichen. Die Zwiebel schälen, in feine Würfel schneiden und in einer Pfanne im restlichen Öl andünsten. Die Rosinen und das Rosenwasser mit dem Safran dazugeben und etwa 2 Minuten mitdünsten. Mit Salz und Pfeffer kräftig würzen.

03. Die Brühe in einem Topf erhitzen. Den Reis abgießen, abtropfen lassen und in die Brühe geben. Kurz aufkochen und dann zugedeckt bei schwacher Hitze etwa 15 Minuten leicht köcheln lassen. Ein gefaltetes Küchentuch zwischen Topf und Deckel klemmen und den Reis auf dem ausgeschalteten Herd etwa 5 Minuten quellen lassen. Vom Herd nehmen und weitere 5 Minuten gar ziehen lassen. Die Zwiebel-Safran-Mischung und die Cashewkerne unterrühren. Den Pilaw mit je 1 EL Sojaghurt servieren.

KLEINE TOFUTALER
MIT PAPRIKA-TOMATEN-SALSA

ZUBEREITUNG

01. Für die Salsa die Paprikaschoten und die Peperoni längs halbieren, entkernen, waschen und in sehr kleine Würfel schneiden. Die Zwiebeln und den Knoblauch schälen und beides in feine Würfel schneiden.

02. Die Tomaten waschen, vierteln und entkernen. Das Fruchtfleisch in sehr kleine Würfel schneiden. Die Gemüsewürfel mit der Petersilie, Salz, Pfeffer, dem Essig und dem Olivenöl in einer Schüssel verrühren. Die Salsa mindestens 20 Minuten ziehen lassen.

03. Für die Tofutaler den Tofu mit einer Gabel fein zerdrücken. Die Möhren putzen, schälen und fein reiben. Den Lauch und die Frühlingszwiebeln putzen, waschen und klein schneiden.

04. Die Kräuter waschen und trocken tupfen. Die Blätter abzupfen, fein hacken und mit den Möhren, dem Lauch und den Frühlingszwiebeln unter den Tofu mischen. Die Stärke und das Mehl dazugeben und alles mit den Händen zu einem glatten Teig verkneten. Sollte dieser zu weich sein, noch etwas Mehl dazugeben. Aus dem Teig mit angefeuchteten Händen 12 bis 16 kleine Taler formen.

05. Das Öl in einer Pfanne erhitzen und die Taler darin bei mittlerer Hitze auf jeder Seite 2 bis 3 Minuten goldbraun braten. Herausnehmen und auf Küchenpapier abtropfen lassen.

06. Die Paprika-Tomaten-Salsa pikant abschmecken. Die Tofutaler mit der Salsa anrichten und nach Belieben mit Korianderblättern garnieren.

ZUTATEN FÜR 4 PERSONEN

FÜR DIE SALSA:
+ je 1 rote, gelbe und grüne Paprikaschote
+ 1 rote Peperoni
+ 2 Zwiebeln
+ 2 Knoblauchzehen
+ 3–4 Tomaten
+ 2 EL gehackte Petersilie
+ Salz • Pfeffer aus der Mühle
+ 3 EL Rotweinessig
+ 4 EL Olivenöl

FÜR DIE TOFUTALER:
+ 400 g mittelfester Tofu
+ 2 kleine Möhren
+ ½ Stange Lauch
+ 2 Frühlingszwiebeln
+ 2 Stiele Koriander
+ 1 Stiel Salbei
+ 1–2 TL Speisestärke
+ ca. 50 g Dinkelvollkornmehl
+ Öl zum Braten

TOFU-ZITRONEN-BÄLLCHEN
MIT ZUCKERHUTGEMÜSE

ZUBEREITUNG

01. Für die Bällchen die Zwiebel und den Knoblauch schälen und in feine Würfel schneiden. Den Tofu mit einer Gabel fein zerdrücken und mit der Zwiebel und dem Knoblauch in eine Schüssel geben.

02. Das Sojamehl mit dem Zitronensaft anrühren und mit der Zitronenschale zum Tofu geben. Die Hefeflocken und die Kräuter hinzufügen und mit Salz und Pfeffer würzen. Alles gut mischen und so viel Paniermehl bzw. Wasser unterarbeiten, bis die Masse gut formbar ist.

03. Aus der Tofumasse mit angefeuchteten Händen etwa 16 kleine Bällchen formen.

04. Für das Gemüse vom Zuckerhut die äußeren Blätter entfernen. Den Kohl vierteln und den Strunk herausschneiden, die Viertel in Streifen schneiden.

05. Das Öl in einem Topf erhitzen und den Zuckerhut darin andünsten. Mit Salz und Pfeffer würzen und die Brühe angießen. Die Sojasahne unterrühren und den Zuckerhut etwa 10 Minuten dünsten.

06. Für die Bällchen das Öl in einer beschichteten Pfanne erhitzen. Die Bällchen darin rundum etwa 5 Minuten goldbraun braten. Mit dem Gemüse servieren und nach Belieben Salzkartoffeln dazu reichen.

TIPP — *Bitterstoffe geben dem Zuckerhut sein leicht herbes Aroma. Das Gemüse ist im Herbst und Winter erhältlich, und hier kann es gut durch Chicorée oder auch Endiviensalat ersetzt werden.*

ZUTATEN FÜR 4 PERSONEN

FÜR DIE BÄLLCHEN:

+ 1 Zwiebel
+ 1 Knoblauchzehe
+ 400 g mittelfester Tofu
+ 2 EL Sojamehl
+ Saft und abgeriebene Schale von 1 Bio-Zitrone
+ 2 EL Hefeflocken
+ je 1 EL gehackter Thymian und Oregano
+ Salz • Pfeffer aus der Mühle
+ ca. 50 g Paniermehl
+ 2 EL Öl

FÜR DAS GEMÜSE:

+ 500 g Zuckerhut
+ 1 EL Öl
+ Salz • Pfeffer aus der Mühle
+ 100 ml Gemüsebrühe
+ 4 EL Sojasahne

DESSERTS

ERFRISCHENDER SOMMERDRINK
MIT HIMBEEREN

ZUBEREITUNG

01. Die Himbeeren verlesen, waschen und gut abtropfen lassen. Tiefgekühlte Beeren auftauen lassen.

02. Die Himbeeren mit dem Zucker, dem Zitronensaft und den Eiswürfeln in den Küchenmixer geben. 400 ml Sojadrink dazugießen und einmal kurz mixen.

03. Den Beerendrink in hohe Gläser gießen und mit dem restlichen Sojadrink aufgießen. Nach Belieben mit Minzeblättern garnieren und sofort servieren.

TIPP — Alternativ kann man diesen Drink auch mit Erdbeeren oder Heidelbeeren oder einer bunten Beerenmischung zubereiten. Auch mit gelben Früchten (Pfirsich, Aprikose, Mango) ist er ein Genuss.

ZUTATEN
FÜR 4 PERSONEN

+ **400 g Himbeeren (frisch oder tiefgekühlt)**
+ **5—6 EL Zucker**
+ **4 EL Zitronensaft**
+ **8 Eiswürfel**
+ **600 ml Sojadrink**

MANGOSORBET
MIT LIMETTENAROMA UND SEKT

ZUBEREITUNG

01. Die Limette heiß waschen und trocken reiben. Die Schale dünn abschälen, die Limette halbieren und den Saft auspressen.

02. Den Zucker, die Limettenschale und den -saft sowie 100 ml Wasser in einen Topf geben, unter Rühren aufkochen und etwa 3 Minuten köcheln lassen. Durch ein Sieb gießen und auskühlen lassen.

03. Die Mangos schälen, das Fruchtfleisch auf den flachen Seiten vom Stein schneiden und in kleine Würfel schneiden.

04. Die Mangowürfel im Küchenmixer mit dem Zuckersirup fein pürieren. Den Sekt unterrühren. Die Sorbetmasse in eine flache Metallschüssel füllen und im Tiefkühlfach 3 bis 4 Stunden gefrieren lassen. Zwischendurch öfter herausnehmen und mit einer Gabel durchrühren, damit sich keine zu großen Eiskristalle bilden.

05. Zum Servieren vom Sorbet Kugeln abstechen, und auf Gläser verteilen. Nach Belieben mit Mangospalten garnieren.

ZUTATEN
FÜR 4 PERSONEN

+ 1 Bio-Limette
+ 100 g Zucker
+ 2 reife Mangos
+ 150 ml trockener Sekt

———

TIPP — *Die Mangos für dieses Sorbet müssen nicht nur die perfekte Reife haben, sondern möglichst auch faserfrei sein. Zu den besten Sorten, die man bei uns bekommt, gehört die grünschalige Thai-Mango.*

LIEBESÄPFEL
MIT GEHACKTEN NÜSSEN

ZUTATEN FÜR 6 STÜCK

+ 6 kleine rotschalige Äpfel (z. B. Cox Orange)
+ 500 g Zucker
+ 1 TL Apfelessig
+ 50 g gehackte Haselnüsse

ZUBEREITUNG

01. Die Äpfel gründlich waschen und trocken reiben. Den Stiel entfernen und an dessen Stelle je ein Holzstäbchen hineinstecken.

02. Den Zucker mit 150 ml Wasser und dem Essig in einem kleinen Topf aufkochen und leicht sprudelnd goldbraun karamellisieren. Den Topf vom Herd nehmen.

03. Die Äpfel nacheinander in den Karamell tauchen und darin wenden, sodass sie rundum damit überzogen sind.

04. Die Liebesäpfel mit den Haselnüssen bestreuen und auf Pergamentpapier fest werden lassen.

TRÜFFELPRALINEN
MIT ZITRUSDUFT

ZUTATEN FÜR CA. 30 PRALINEN

+ 1 Bio-Zitrone
+ 100 g vegane weiße Schokolade
+ 100 g vegane Milchschokolade
+ 50 g Sojasahne
+ 50 g Kokosfett
+ ca. 100 g Kakaopulver

ZUBEREITUNG

01. Die Zitrone heiß waschen und trocken reiben. Die Schale fein abreiben.

02. Die beiden Schokoladensorten grob hacken und in einer Metallschüssel im heißen Wasserbad schmelzen.

03. Die Zitronenschale, die Sojasahne und das Kokosfett hinzufügen und verrühren, bis eine glatte Masse entstanden ist. In eine flache Schale füllen, etwas abkühlen lassen. Zugedeckt 2 Stunden kühl stellen.

04. Das Kakaopulver auf einen Teller sieben. Von der Pralinenmasse mit einem Teelöffel kleine Portionen abstechen und zwischen den Händen zu Kugeln formen.

05. Die Pralinen rundum im Kakao wälzen, mit etwas Abstand auf eine Platte setzen und etwa 1 Stunde kühl stellen. Die Trüffelpralinen kühl und luftdicht verschlossen aufbewahren.

RHABARBER-GRANITÉ
MIT CRÈME DE CASSIS

ZUBEREITUNG

01. Den Rhabarber putzen, waschen, falls nötig schälen und in Stücke schneiden. Mit dem Zucker, dem Likör und 150 ml Wasser in einen Topf geben und zugedeckt bei mittlerer Hitze etwa 10 Minuten weich dünsten.

02. Den Rhabarber mit dem Stabmixer fein pürieren und vollständig abkühlen lassen.

03. Die Zitrone halbieren und den Saft auspressen. Zitronensaft und den Sekt unter das Rhabarberpüree mischen.

04. Die Granitémasse in einen Gefrierbeutel füllen und etwas flach streichen. Im Tiefkühlfach mindestens 3 Stunden gefrieren lassen.

05. Die Minzeblätter waschen und trocken tupfen. Das gefrorene Rhabarberpüree aus dem Tiefkühlfach nehmen und mit dem Plattiereisen oder dem Nudelholz zerkleinern. Die Rhabarber-Granité auf Gläser verteilen und mit Minze garniert servieren.

TIPP — *Rhabarber am besten bald nach dem Einkauf zubereiten, er macht schnell schlapp. Am aromatischsten schmecken die roten Stangen, die auch weniger Oxalsäure enthalten als die grünen.*

ZUTATEN
FÜR 4 PERSONEN

+ **500 g Rhabarber**
+ **80 g Zucker**
+ **4 EL Crème de Cassis (Schwarzer Johannisbeerlikör)**
+ **1 Zitrone**
+ **200 ml lieblicher Sekt**
+ **einige Minzeblätter**

OBSTSALAT
IN ORANGENSCHALEN

ZUBEREITUNG

01. Die Orangen waschen, trocken reiben und quer halbieren. Die Filets aus den Trennwänden herausschneiden und in eine Schüssel geben. Die Orangenhälften auspressen, dabei den Saft auffangen. Die Häute aus den Orangen entfernen.

02. Die Granatapfelkerne mit einem Löffel herausklopfen. Die weißen Häutchen von den Kernen entfernen. Die Beeren verlesen, waschen und trocken tupfen. Die Minzeblätter waschen und trocken tupfen.

03. Die Orangenfilets, die Granatapfelkerne, die Beeren, die Minze und den Orangensaft mischen und mit dem Agavendicksaft beträufeln.

04. Den Obstsalat in die Orangenhälften füllen und mit der Minze garniert servieren.

TIPP — *Agavendicksaft (auch Agavensirup) wird in Mexiko aus den Wasser speichernden Agavenpflanzen gewonnen. Er ist süßer als Honig, jedoch weniger dickflüssig und besonders schnell löslich.*

ZUTATEN
FÜR 4 PERSONEN

+ **2 Bio-Orangen**
+ **½ Granatapfel**
+ **150 g Heidelbeeren**
+ **200 g Walderdbeeren (ersatzweise normale Erdbeeren)**
+ **1 Handvoll Minzeblätter**
+ **1–2 EL Agavendicksaft**

— VEGAN —

KOKOSMILCHREIS
MIT HEIDELBEEREN

ZUTATEN FÜR 4 PERSONEN

+ 800 ml Kokosmilch
+ 1 Bio-Limette
+ 1 Zimtstange
+ 130 g Milchreis
+ 50 g Reissirup
+ ca. 200 g Sojasahne
+ 1 Päckchen Sahnesteif
+ 150 g Heidelbeeren

ZUBEREITUNG

01. Die Kokosmilch in einem Topf erhitzen. Die Limette heiß waschen, trocken reiben und die Schale dünn abschälen. Die Zimtstange und die Limettenschale zur Kokosmilch geben und aufkochen lassen.

02. Den Reis einrieseln lassen und bei schwacher Hitze etwa 30 Minuten köcheln lassen. Dabei gelegentlich umrühren.

03. Den Kokosmilchreis vom Herd nehmen, den Reissirup unterrühren und im offenen Topf etwa 15 Minuten auskühlen lassen.

04. Die Sojasahne mit dem Sahnesteif steif schlagen und unter den Reis heben.

05. Die Heidelbeeren verlesen, waschen und trocken tupfen. Die Beeren unter den Milchreis rühren und das Dessert in Schälchen anrichten.

SCHOKOLADENMOUSSE
MIT BROMBEEREN

ZUTATEN FÜR 4 PERSONEN

+ ½ Vanilleschote
+ 100 g vegane Zartbitterschokolade oder
  Bitterschokolade (mind. 70 % Kakaoanteil)
+ 300 g Sojasahne
+ 50 g brauner Zucker
+ Zimtpulver
+ Salz
+ 1 cl Crème de Cassis
  (Schwarzer Johannisbeerlikör)
+ 1 Päckchen Sahnesteif
+ 4 Brombeeren

ZUBEREITUNG

01. Die Vanilleschote der Länge nach auf-schneiden und das Mark herauskratzen.

02. Die Schokolade grob hacken, mit der Vanilleschote, dem Vanillemark und 150 g Sojasahne in einen kleinen Topf geben. Den Zucker, je 1 Prise Zimt und Salz sowie den Likör dazugeben und bei schwacher Hitze unter Rühren erwärmen, bis die Schokolade geschmolzen ist. Vom Herd nehmen, die Vanilleschote entfernen und die Creme lau-warm abkühlen lassen.

03. Die restliche Sojasahne mit dem Sah-nesteif steif schlagen und mit dem Schnee-besen unter die Schokocreme heben. Auf Gläser verteilen und zugedeckt mindestens 6 Stunden (oder besser über Nacht) kühl stellen.

04. Zum Servieren die Brombeeren waschen, trocken tupfen und längs halbieren. Die Schokoladenmousse mit den halbierten Brom-beeren garniert servieren.

KOKOS-PANNA-COTTA
MIT GRANATAPFELSIRUP

ZUBEREITUNG

01. Das Zitronengras putzen, die äußeren Blätter und die obere trockene Hälfte entfernen, die untere Hälfte in feine Ringe schneiden. Die halbe Limette auspressen.

02. Die Kokosmilch mit der Sojasahne, Zitronengras, Limettensaft, Zucker und Agar-Agar in einem Topf bei mittlerer Hitze aufkochen. Vom Herd nehmen und durch ein feines Sieb gießen. Die Masse in kalt ausgespülte hohe Förmchen oder Tassen füllen und zum Gelieren mindestens 6 Stunden zugedeckt kühl stellen, bis die Panna cotta fest ist.

03. Den Granatapfel rundum andrücken, halbieren und die Kerne vorsichtig mit einem Löffel herausklopfen. Die weißen Häutchen von den Kernen entfernen und mit dem Kokossirup vermischen.

04. Zum Servieren die Förmchen in heißes Wasser tauchen, die Kokos-Panna-cotta mit einem spitzen Messer vorsichtig vom Rand lösen und auf Dessertteller stürzen. Mit dem Granatapfel-Kokos-Sirup beträufeln und mit den Kokoschips bestreut servieren.

TIPP — *Wenn es keinen Granatapfel gibt, kann man die Panna cotta natürlich auch mit Beeren garnieren. Den Kokossirup dann weglassen, sonst wird das Ganze sehr süß.*

ZUTATEN
FÜR 4 PERSONEN

+ **2 Stängel Zitronengras**
+ **½ Limette**
+ **300 ml Kokosmilch**
+ **300 g Sojasahne**
+ **75 g Zucker**
+ **2 TL Agar-Agar**
+ **1 Granatapfel**
+ **ca. 60 ml Kokossirup**
+ **4 EL Kokoschips (ersatz-weise Kokosraspel)**

WALDERDBEERGELEE
MIT STACHELBEEREN

ZUBEREITUNG

01. Das Agar-Agar mit 2 EL kaltem Wasser glatt rühren. Die Walderdbeeren verlesen, waschen und abtropfen lassen. Die Beeren mit dem Zucker, dem Zitronensaft und dem Johannisbeersaft in einem Topf aufkochen.

02. Die Beeren im Topf mit dem Stabmixer pürieren, durch ein feines Sieb streichen und bei Bedarf mit Johannisbeersaft auf 600 ml auffüllen.

03. Den Beerensaft erneut aufkochen und mit knapp drei Viertel des abgekühlten Agar-Agar etwa 2 Minuten kochen lassen. Abkühlen lassen und die Hälfte des Safts auf vier Gläser verteilen. Im Kühlschrank 1 Stunde fest werden lassen.

04. Inzwischen die Stachelbeeren putzen, waschen, trocken tupfen und halbieren. Drei Viertel der Stachelbeeren mit dem Vanillemark, dem Vanillezucker, dem restlichen Agar-Agar und dem Apfelsaft aufkochen. 2 Minuten kochen, abkühlen lassen und auf das Beerengelee in den Gläsern füllen. Kühl stellen und gelieren lassen.

05. Ist das Stachelbeergelee nach etwa 1 Stunde leicht fest geworden, den restlichen Beerensaft evtl. zum Verflüssigen noch einmal kurz erwärmen und daraufgießen. Kühl stellen. Beginnt das Gelee fest zu werden, mit den übrigen Stachelbeeren garnieren und weitere 2 Stunden kühl stellen.

TIPP — *Walderdbeeren sind eine wahre Delikatesse, kommen aber nur in kleinen Mengen in den Handel. Dann unbedingt zugreifen, die Früchte sind hocharomatisch, von perfekter Süße und Fruchtigkeit.*

ZUTATEN
FÜR 4 PERSONEN

+ **1½ TL Agar-Agar**
+ **500 g Walderdbeeren (ersatzweise gemischte Beeren)**
+ **2 EL Zucker**
+ **Saft von 1 Zitrone**
+ **ca. 200 ml Schwarzer Johannisbeersaft**
+ **150 g Stachelbeeren**
+ **1 Msp. Vanillemark**
+ **1 EL Vanillezucker**
+ **150 ml Apfelsaft**

GELEEWÜRFEL
AUS FRISCHEN ERDBEEREN

ZUTATEN FÜR CA. 100 STÜCK

+ **500 g Erdbeeren**
+ **200 g Zucker**
+ **2 TL Agar-Agar**
+ **100 g feiner Zucker**

ZUBEREITUNG

01. Am Vortag die Erdbeeren waschen, putzen und klein schneiden. In einem Topf mit 1 EL Wasser erhitzen und 5 Minuten köcheln lassen. Die Erdbeeren mit dem Stabmixer pürieren und durch ein feines Sieb streichen. ¼ l Erdbeerpüree abmessen.

02. Das Erdbeerpüree mit dem Zucker in einen Topf geben. Das Agar-Agar mit wenig kaltem Wasser anrühren, dazugeben und unter Rühren einmal aufkochen. Etwa 1 TL der Masse auf einen kleinen Teller geben und diesen schräg halten. Wird das Püree fest, ist die Masse fertig, ansonsten noch etwas Agar-Agar hinzufügen und nochmals aufkochen.

03. Eine kleine Form (etwa 20 × 20 cm) mit Frischhaltefolie auslegen und das Gelee einfüllen. Abkühlen lassen und mindestens 2 Stunden im Kühlschrank fest werden lassen.

04. Das Gelee aus der Form stürzen und in Würfel von ca. 2 × 2 cm schneiden. Auf Backpapier legen, 24 Stunden bei Zimmertemperatur trocknen lassen, dabei einmal wenden. Geleewürfel in Zucker wälzen und kühl aufbewahren.

TARTELETTES
MIT MANGO UND SESAM

ZUTATEN FÜR 6–8 STÜCK

+ **200 g Mehl**
+ **Salz**
+ **125 g vegane Margarine**
+ **50 g Zucker**
+ **vegane Margarine für die Förmchen**
+ **2 reife Mangos**
+ **150 g Aprikosenkonfitüre**
+ **2 EL Apfelsaft**
+ **2–3 EL helle Sesamsamen**

ZUBEREITUNG

01. Mehl, 1 Prise Salz, Margarine in Flöckchen, Zucker (bis auf 1 TL) und etwa 1 EL lauwarmes Wasser rasch zu einem glatten Mürbeteig verkneten, zu einer Kugel formen, in Frischhaltefolie wickeln und etwa 30 Minuten kühl stellen.

02. Den Backofen auf 200 °C vorheizen. Die Tartaletteförmchen (etwa 10 cm Durchmesser) einfetten. Den Teig in 6 bis 8 Portionen teilen, zwischen zwei Lagen Backpapier in Größe der Tartaletteförmchen ausrollen und die Förmchen damit auslegen. Den Teig mehrmals mit einer Gabel einstechen und im Ofen auf der mittleren Schiene 12 bis 15 Minuten backen. Herausnehmen und abkühlen lassen.

03. Die Mangos schälen, das Fruchtfleisch auf den flachen Seiten vom Stein und anschließend in Spalten schneiden. Die Aprikosenkonfitüre mit dem Apfelsaft erwärmen, die Tartelettes damit bestreichen und antrocknen lassen. Die Mangospalten kreisförmig leicht überlappend darauf verteilen.

04. Die restliche Aprikosenkonfitüre über den Mangos verteilen und mit Sesamsamen bestreuen.

BIRNEN
IN APFELSAFT-KARAMELL

ZUBEREITUNG

01. Die halbe Zitrone auspressen. Die Birnen waschen und trocken reiben. Die Birnen vierteln und mit dem Zitronensaft beträufeln.

02. Den Zucker in einer Pfanne karamellisieren. Mit dem Apfelsaft ablöschen und so lange mit dem Schneebesen rühren, bis sich der Karamell aufgelöst hat.

03. Die Birnenviertel im Karamell schwenken, vom Herd nehmen und noch 3 bis 4 Minuten in der Karamellsauce ziehen lassen.

04. Auf kleine Glasschalen verteilen und sofort servieren.

──────

TIPP — *Dieses Rezept lässt sich auch mit frischen Feigen zubereiten, die es ebenfalls im Herbst gibt. Die Früchte müssen schön reif sein und auf leichten Druck etwas nachgeben.*

ZUTATEN FÜR 4 PERSONEN

+ **½ Zitrone**
+ **6 kleine Birnen (z. B. Forellenbirnen)**
+ **4–5 EL brauner Zucker**
+ **ca. 100 ml Apfelsaft**

MACADAMIA-CREMETÖRTCHEN
MIT ZUCKERGLASUR

ZUTATEN FÜR CA. 12 STÜCK

+ vegane Margarine und Dinkelmehl für die Form
+ 175 g Dinkelmehl
+ 125 g Maismehl
+ 225 g vegane Margarine
+ 75 g Mangopüree (aus dem Glas)
+ 2 EL Birnensaft
+ Maismehl für die Arbeitsfläche
+ 75 g brauner Zucker
+ 40 g Reismehl
+ 150 g gemahlene Macadamianüsse
+ 150 g Puderzucker

ZUBEREITUNG

01. Den Backofen auf 180 °C vorheizen. Die Vertiefungen einer Muffinform einfetten und mit Mehl bestäuben oder passende Papierförmchen hineinsetzen.

02. Dinkel- und Maismehl mischen und ein Drittel beiseitestellen. Den Rest mit 200 g Margarine, 40 g Mangopüree und dem Birnensaft zu einem geschmeidigen Teig verkneten. Evtl. etwas Wasser dazugeben. Den Teig auf der bemehlten Arbeitsfläche dünn ausrollen und 12 Kreise von etwa 8 cm Durchmesser ausstechen. In die Vertiefungen des Muffinblechs drücken, mehrmals mit einer Gabel einstechen.

03. Zucker mit restlicher Mehlmischung, Reismehl, Macadamianüssen, restlicher Margarine sowie dem übrigen Mangopüree und 1 bis 2 EL Wasser glatt rühren. Den Teig in die Vertiefungen der Muffinform füllen und im Ofen auf der mittleren Schiene 25 Minuten goldbraun backen.

04. Herausnehmen, etwa 5 Minuten ruhen lassen. Die Törtchen aus der Form lösen und abkühlen lassen. Den Puderzucker mit 2 bis 3 EL Wasser glatt rühren und über die Törtchen träufeln.

BANANENMUFFINS
MIT CRANBERRYS

ZUTATEN FÜR CA. 12 STÜCK

+ vegane Margarine und Mehl für die Form
+ 150 g Vollkornmehl
+ 50 g gemahlene Haselnusskerne
+ 2 EL Haferkleie
+ 3 TL Backpulver
+ ½ TL Natron
+ 100 g getrocknete Cranberrys
+ 50 g getrocknete Himbeeren
+ 3 reife Bananen
+ ca. 350 ml Sojadrink
+ 100 g brauner Zucker
+ 100 ml Rapsöl

ZUBEREITUNG

01. Den Backofen auf 180 °C vorheizen. Die Vertiefungen einer Muffinform einfetten und mit Mehl bestäuben oder Papierförmchen hineinsetzen.

02. Das Mehl, die Nüsse, die Kleie, das Backpulver, das Natron, die Cranberrys und die Himbeeren in einer Schüssel mischen.

03. Die Bananen schälen, in Scheiben schneiden und mit einer Gabel fein zerdrücken. Den Sojadrink, den Zucker und das Öl unterrühren.

Die Mehlmischung dazugeben und mit dem Schneebesen oder einem Kochlöffel nur so lange verrühren, bis alle Zutaten feucht sind.

04. Den Teig maximal drei Viertel hoch in die Vertiefungen der Muffinform füllen und die Muffins im Backofen auf der mittleren Schiene etwa 30 Minuten backen. Aus dem Backofen nehmen und etwa 5 Minuten ruhen lassen. Die Muffins aus der Form lösen und abkühlen lassen. Muffins nach Belieben z.B. mit Erdbeerkonfitüre servieren.

BROWNIES
MIT MACADAMIANÜSSEN

ZUBEREITUNG

01. Den Leinsamen mit etwa 200 ml kochendem Wasser übergießen und etwa 10 Minuten quellen lassen. Den Backofen auf 180°C vorheizen. Eine kleine Backform (etwa 20 × 20 cm) mit Margarine einfetten.

02. Das Mehl, die Stärke, den Kakao, das Backpulver und den Zucker in einer Schüssel mischen. Die Schokolade grob hacken und mit der Margarine und dem Zimt in einer Metallschüssel im heißen Wasserbad bei schwacher Hitze schmelzen.

03. Die Macadamianüsse grob hacken. Die Schokoladenmischung, die Nüsse und den Leinsamen samt Flüssigkeit zur Mehlmischung geben und verrühren.

04. Den Teig in die Form füllen und glatt streichen. Im Ofen auf der mittleren Schiene etwa 30 Minuten backen. Die Stäbchenprobe machen: Wenn an einem hineingestochenen Holzstäbchen kein Teig mehr kleben bleibt, sind die Brownies fertig. Danach in der Form vollständig auskühlen lassen und in etwa 4 × 5 cm große Stücke schneiden. Nach Belieben mit Puderzucker bestäuben.

TIPP — *Macadamianüsse, die ursprünglich aus Australien stammen, gehören zu den feinsten und teuersten Nüssen überhaupt. Man kann sie natürlich auch durch Haselnüsse oder Walnüsse ersetzen.*

ZUTATEN
FÜR CA. 20 STÜCK

+ 5 EL geschroteter Leinsamen
+ vegane Margarine für die Form
+ 50 g Mehl
+ 50 g Speisestärke
+ 50 g Kakaopulver
+ 2 TL Backpulver
+ 150 g Zucker
+ 150 g vegane Zartbitterschokolade
+ 150 g vegane Margarine
+ ½ TL Zimtpulver
+ 150 g Macadamianüsse

ZITRONEN-DOUGHNUTS
MIT MANDELN

ZUTATEN FÜR CA. 12 STÜCK

+ vegane Margarine und Mehl
  für die Förmchen
+ 150 g Mehl
+ 100 g blanchierte, gemahlene Mandeln
+ ½ TL Backpulver
+ 1 Msp. Natron
+ 1½ Bio-Zitronen
+ 4 EL Apfelmus
+ 125 g Apfeldicksaft (aus dem Reformhaus)
+ 1 EL Vanillezucker
+ 80 ml Öl
+ ¼ l Mandeldrink
+ ca. 60 g Puderzucker

ZUBEREITUNG

01. Den Backofen auf 180 °C vorheizen. Die Vertiefungen eines Doughnutblechs einfetten und mit Mehl bestäuben.

02. Mehl, Mandeln, Backpulver und Natron in einer Schüssel mischen. Die Zitronen heiß waschen und trocken reiben. Die Schale fein abreiben, die ganze Zitrone halbieren und den Saft aller Hälften auspressen.

03. Apfelmus mit Apfeldicksaft und Vanillezucker in einer zweiten Schüssel verrühren, dann das Öl, den Mandeldrink, den Saft (bis auf 1 bis 2 EL) und zwei Drittel der Zitronenschale hinzufügen und unterrühren.

04. Die Mehlmischung dazugeben und gut verrühren. Den Teig in die Vertiefungen des Doughnutblechs füllen und im Backofen auf der mittleren Schiene 25 Minuten goldbraun backen. Herausnehmen, kurz in der Form ruhen lassen. Aus der Form lösen und abkühlen lassen.

05. Puderzucker mit übrigem Zitronensaft verrühren. Doughnuts mit Zuckerguss und der restlichen Zitronenschale verzieren.

SESAMKROKANT-RIEGEL
MIT GANZEN HASELNÜSSEN

ZUTATEN FÜR 4 PERSONEN

+ **300 g helle Sesamsamen**
+ **Öl für das Blech**
+ **125 g Apfeldicksaft**
+ **125 g Agavendicksaft**
+ **50 g geschälte Haselnusskerne**

ZUBEREITUNG

01. Die Sesamsamen in einer großen Pfanne ohne Fett goldbraun rösten. Ein Backblech dünn mit Öl einfetten.

02. Den Apfeldicksaft und den Agavendicksaft in einem Topf unter Rühren erhitzen und etwa 7 Minuten kochen. Den dabei entstehenden Schaum immer wieder mit einem kleinen Teesieb entfernen.

03. Die Sesamsamen, die Nüsse und 2 TL Wasser auf einmal dazugeben und untermischen. Die Masse etwa 1 cm dick auf dem geölten Backblech verstreichen.

04. Die Krokantmasse auskühlen lassen und vor dem Servieren in kleine Würfel oder Rechtecke schneiden. Sie können auch einen Teil der Sesamsamen durch gehackte Mandeln oder Walnüsse ersetzen.

KOKOS-TAPIOKA-PUDDING
MIT MANGOSAUCE

ZUBEREITUNG

01. Für den Pudding die Tapiokaperlen in eine Schüssel geben, mit heißem Wasser bedecken und etwa 10 Minuten quellen lassen.

02. Die Kokosmilch mit der Sojasahne, dem Zucker und den Kokosraspeln in einem Topf aufkochen. Die Tapioka-perlen hinzufügen und unter Rühren bei schwacher Hitze etwa 20 Minuten köcheln lassen, bis die Perlen durch-sichtig sind.

03. Den Pudding in Gläser füllen, etwas abkühlen lassen und mindestens 2 Stunden kühl stellen, bis er fest ist.

04. Für die Mangosauce die Mango schälen, das Frucht-fleisch auf den flachen Seiten vom Stein schneiden und in kleine Würfel schneiden. Mit dem Orangensaft in einen Topf geben und einmal aufkochen.

05. Die Mango mit dem Stabmixer pürieren und nochmals aufkochen. Die Stärke mit wenig kaltem Wasser glatt rüh-ren und das kochende Mangopüree damit binden.

06. Die Mangosauce mit dem Zucker süßen und die Sauce unter Rühren abkühlen lassen. Die Mangosauce auf dem Kokospudding verteilen und servieren.

ZUTATEN
FÜR CA. 4 PERSONEN

FÜR DEN PUDDING:
+ 50 g Tapioka
  (ersatzweise Sago)
+ 300 ml Kokosmilch
+ 200 g Sojasahne
+ 60 g Zucker
+ 3 EL Kokosraspel

FÜR DIE MANGOSAUCE:
+ 1 Mango
+ 100 ml Orangensaft
+ 1 TL Speisestärke
+ 1–2 EL Zucker

TIPP — *Tapiokakügelchen sind nahezu geschmacksneutrale Stärkekügelchen, die aus der getrockneten Maniokwurzel gewonnen werden. Sie kommen — wie Sago auch — beson-ders bei Süßspeisen zum Einsatz.*

REZEPTREGISTER

IMPRESSUM

© **ZS VERLAG GmbH**
Kaiserstraße 14b
D-80801 München

ISBN 978-3-89883-599-2
1. Auflage 2016

Projektleitung: Katharina Wolf, Natalia Fischer
Lektorat: ZS-Team
Redaktionelle Mitarbeit: Susanna Heuschkel
Grafik Design & Artdirection: Seidldesign
Grafik & Satz: Irene Schulz, Kerstin Duben
Herstellung: Peter Karg-Cordes
Producing: Jan Russok
Druck & Bindung: Neografia, Martin

Die ZS Verlag GmbH ist ein Unternehmen der Edel AG, Hamburg.
www.zsverlag.de | www.facebook.de/zsverlag

BILDNACHWEIS